五大增长极

双循环格局下的
城市群与一体化

张明　魏伟　陈骁——著

中国人民大学出版社
·北京·

推荐序

经过 40 多年的努力，不论从什么角度看，中国的发展都堪称奇迹，已经接近高收入国家的门槛。另外，经济增长也经历着关键性转型。从表面上看，增长速度由高速转向中速，背后则是增长动能、经济结构和制度规则的全方位转换。在国际上，一些经济体在大体相同的增长节点上，经受了增长动力下降、收入和财产分配差距拉大、资源环境压力加大、社会共识减少乃至撕裂等冲击，增长减缓、停滞或后退，陷入被称为中等收入陷阱的困境。事实上，这些挑战在中国或多或少都出现了。

中国在这个阶段发展的特殊性在于，作为一个超大型经济体，如果中国能够成功进入高收入国家行列，全球高收入人口总数将会扩大一倍。如果发展正常，今后 5～10 年，按现价美元计算的中国经济总量规模超过美国将是大概率事件。大国经济规模排序和相应的经济版图的改变，无可避免地会引起利益相关者的种种不适、疑虑乃至惊恐。近年来中美关系的困难局面就是在这种背景下出现的。

忽略人均和结构水平的总量规模易于使人产生幻觉、误解或误判。即使中国的经济总量规模超过美国，人均国内生产总值（GDP）水平也只大概相当于美国的 1/4。尽管中国创新能力增强，但与发达国家在科技、高水平教育、产业结构等领域的差距依然不小，有些可能还会延续相当长的时间。历史上的大国争霸曾带来严重冲突，有的演变为战争。但与几十年或一二百年前相比，当今世界结构已经发生了很大变化。一方面，全球化的大幅推进已经使包括大国在内的国家间利益连接空前密切，脱钩往往是损人又害己，相互均无好处。另一方面，核武器使大国的正面冲突不可能有赢家，实际上画出了大国冲突的底线。传统和非传统全球性问题清单不断加长，一个超级大国已经无力主宰或主导全球事务，更不可能公正有效地提供全球公共产品。特朗普政府的不断“退群”与此直接有关。即使中国经济总量规模超过美国，中国也不会、不能更无必要成为另一个美国。出路在于形成一个各国普遍参与且高效的全球治理结构。这样的治理结构的形成和运转，包括 G20 成员国在内的大国，特别是中、美、欧等主要经济体，负有特殊的责任。然而，这种看起来比较理想的格局并不容易形成，有些势力借助全球化进程中的结构性矛盾背道而驰，人类社会或许将不得不为此付出大的代价。中国的国际影响力日趋增加，但似乎很难再回到过去几十年相对宽松和缓的国际发展环境。

在这种背景下，中国将面临双重挑战，一方面要解决好由中等收入阶段跨越到高收入阶段特有的问题，另一方面要在“百年未有之大变局”中找到自身合适的位置。“十四五”时期的改革开放发展，简单地说，就是要从这些挑战的压力下突围，踏上高收入阶段的台阶。

中国经济首先受到新冠肺炎疫情冲击，由于应对得当，率先开始恢复，并成为当年唯一实现经济正增长的主要经济体。随着经济恢复到正常增长轨道，宏观政策也要相应回归正常状态。中国与发达经济体的重要区别是，还有相当大的结构性潜能驱动增长，而非主要依赖于宏观刺激政策。在房地产、基建、出口等高速增长期结构性潜能逐步消退后，“十四五”期间要着力发掘与中速增长期相配套的结构性潜能。

这里我们提出一个“1＋3＋2”结构性潜能框架。“1”指以都市圈、城市群发展为龙头，通过更高的集聚效应为下一步中国的中速高质量发展打开空间，今后 5～10 年，中国经济百分之七八十的新增长动能将处在这个范围之内。“3”指实体经济方面，补上我国经济循环过程中新的三大短板：一是基础产业效率不高，主要是基础产业领域仍然不同程度存在着行政性垄断，竞争不足。补这个短板将有利于全社会降成本。二是中等收入群体规模不大，今后 10～15 年时间，中等收入群体应力争实现倍增，由 4 亿人增加到 8 亿～9 亿人。补这个短板将有利于扩大需求特别是消费需求，同时扩大人力资本。三是基础研发能力不强，这是我们内循环中的“卡脖子”环节，补上这个短板才能有效应对外部“卡脖子”问题，为建设创新型国家打牢基础。“2”指数字经济和绿色发展，这是全球性的且中国具备一定优势的新增长潜能。简单地说，“1＋3＋2”结构性潜能就是一个龙头引领、补足三大短板、两个翅膀赋能。

在以上结构性潜能框架中，都市圈、城市群的发展尤为重要。近几年城市化进程的突出特点是人口特别是年轻人口向一线城市、几大经济圈和内地若干中心城市集聚，包括农村人口进城，更多地则是其他城市人口转向中心城市。农村结构、城乡结构和城市结构都在经历着未曾有过的历史性变迁。有关研究显示，数万个村庄正在消失，上百个城市人口减少，农村和小城市正处在收缩状态。

集聚效应加强、生产率提升，是城市化进程的一幅画面，另一幅画面则是已有的大型、超大型城市内部结构性矛盾加剧，甚至到了不可持续的地步。如房价飙升，一些城市的房价进入全球高房价排行榜的前列；制造业和部分服务业由于成本压力不得不从城市核心区退出，面临着既要降低成本又不能远离供应链网络的两难选择；城市人口老龄化问题严峻，很多人想到郊区找一个面积大一点、成本低一点、环境好一点的生活居所，但难以如愿；随着城市核心区人口密度增加，除了高房价外，拥堵、污染、生活环境恶化等城市负外部性因素增加，居民的实际生活质量感受与收入和消费水平的提高并不对应。更重要的是，中国的城市化率还有大约 20 个百分点的上升空间。如果上述结构性矛盾无法解决或有效缓解，集聚效率最高的大型、超大型城市，对于将要进城的农村人口和其他城市人口，已经腾不出多少空间了。事实上，近些年来这样的空间正在被压缩。

显然，我们正面临着持续推进城市化进程、提高全社会资源配置效率与既有城市结构性矛盾之间的冲突。在这种冲突的夹缝中，加快建设都市圈、城市群是一个必然选项，准确地说，是一个逼出来的、不得不采取的选项。概而言之，都市圈发展通过疏解核心城市的结构性矛盾扩展城市化空间，小分散、大集中，实现大城市、超大城市的转型升级。都市圈的发展，重点是“圈”的发展，通过“圈”与核心城区的结构调整和再平衡，提升城市发展的空间、质量、效率和可持续性。具体说，有利于产业结构调整，特别是制造业在降成本的基础上提高专业化水平；有利于人口结构调整，大幅度改善居住环境和生活品质；有利于职住平衡，减缓拥堵、污染和通勤压力问题；

有利于进城农民工和其他外来人口改进居住条件，获取应有的基本公共服务；有利于扩大投资和消费需求，提高已有产能利用率，形成重要的经济增长新动能；有利于带动创新和绿色发展，促进生产生活转向高质量、可持续、有韧性的新发展方式。

回到现实，都市圈建设面临不少思想观念、体制机制和政策方面的阻力与约束，这就是下一步深化改革要解决的问题，包括：加快大城市城乡接合部的农村土地制度改革，重点是农村集体建设用地与国有土地同价同权、同等入市，同时创造条件推动宅基地向集体组织外部流转；农地入市、宅基地流转获取的收入，应优先用于完善相应地区农村人口的社保体系，使他们与城里人一样，生活不再依赖于土地，而是由更为有效和稳定的社会安全网托底，这同时也提高了土地利用效率、增加了农民的收入；以强有力的制度政策防范以权谋私的腐败行为，增强透明度和社会监督；推动农村基层治理结构的改革转型，集体经济组织管理和行政管理职能适当分开；改革、创新、完善国土空间和城市规划的形成机制，市场在这个领域也要发挥决定性作用，依据人口流动的市场信号适时调整规划、配置公共服务资源；创新都市圈建设的体制机制，立足于调动市场力量，同时以正确方式发挥政府作用。

以上几方面的改革都很重要，但都不容易，有的是长期以来未能啃下的硬骨头。深化改革的机制也很重要，应坚持顶层设计、基层试验。顶层设计，主要是指方向、画底线。所谓指方向，应当是明确改革要有利于推动城市化进程，有利于提高全要素生产率，有利于满足人民日益增长的美好生活需要。所谓画底线，是指坚持土地公有制性质不改变、耕地红线不突破、农民利益不受损三条底线。在此前提下，应当给地方、基层、企业和个人更大的自主选择的空间，允许、鼓励、保护担当精神和创新精神，因为究竟什么样的做法适合国情、省情、市情，事先并不清楚，需要通过大量试错纠错才能找到对的办法。这是中国改革开放中被事实证明行之有效、应当继续坚持的一条基本经验。

张明博士及其团队撰写的这本《五大增长极——双循环格局下的城市群与一体化》，描绘了上面说到的中国都市圈和城市群各具特色、相关竞争、依次发展的图景。本书选取了五个最具代表性和发展前景的区域，分别是粤港澳大湾区、长三角、京津冀、中部六省与西三角。这五大区域拥有各自不同的资源、区位、产业和制度文化等优势。就产业转型升级而言，长三角和粤港澳大湾区在前拉动结构升级与技术创新，京津冀居中推动结构重组，中部六省和西三角在后承接产业转移并积累后发优势，五大区域的都市圈、城市群形成阶梯发展的雁阵模式。通过深化要素市场化配置改革，高水平的区域经济一体化将为

“十四五”和更长一个时期的中国经济发展提供强劲而持续的增长动能。本书对中国都市圈、城市群发展内在规律和相关改革开放发展政策进行了积极探索，期待这些研究成果能对社会各界读者有所启发，令大家共同发掘和分享新时期都市圈、城市群与区域经济一体化发展带来的重要机遇。

刘世锦

全国政协经济委员会副主任

中国发展研究基金会副理事长

序　言

自 2007 年博士毕业至今，我一直在中国社会科学院从事国际金融与宏观经济研究。2017 年 3 月至 2020 年 2 月，也是机缘巧合，我受邀到平安证券担任首席经济学家一职。因为一直在智库工作，出于研究需要，我长期关注国内资本市场上的宏观研究，从中学到了不少东西，但同时也认识到相关研究存在的一些问题，例如市场上的研究报告大多千篇一律、过于雷同，分析过于短期化，缺乏一以贯之的体系与逻辑支撑等。

在 2016 年年初至 2017 年第一季度期间，我与盘古智库合作，推出了盘古智库宏观经济研究中心的季度研究报告系列。这个研究报告的特色是简洁、锋利、可验证。例如，全球宏观主报告与中国宏观主报告，我们均沿用“本季度发生的重大问题—重大问题背后的趋势与逻辑—对中国经济的影响（宏观政策的应对）—未来半年的投资建议”这一写作框架，而不像传统宏观报告那样按部就班。又如，在 2016 年四个季度的全球宏观专题报告中，我们分别讨论了美元、原油、黄金与潜在的中美贸易摩擦；而在2016年四个季度的中国宏观专题报告中，我们分别讨论了教育、医疗、养老与住房（这被我们概括为民生四部曲）。所有报告的篇幅均严格控制在8～12页。

尽管盘古智库宏观经济研究报告只持续了五个季度的短暂时间，但依然在研究圈内取得了较好的反响。这反映了我与团队成员（郑联盛、王宇哲、杨晓晨、肖立晟）的一种努力，即要做与众不同、标识性强、富有前瞻性的宏观研究。研究不是数据解读性的，而是趋势研判性的；研究要敢于做短期预测，而不是两面下注；研究要富有冲击力，而不是人云亦云。

到平安证券工作之后，我试图把自己在盘古智库宏观经济研究中心的研究心得，注入平安证券宏观团队的相关研究之中。这主要表现在，在常规性的研究报告（周报、月报、数据解读等）之外，我们试图做与同业不太一样的专题研究或深度研究。在这些报告中，我们更加关注中长期趋势，试图以穿越短周期的视野去分析一些更重要的慢变量。

近几年来，我们推出了一些在市场上产生过较大影响的系列研究报告。

例如，2017年下半年，我们推出了四期中国房地产市场深度研究报告，从周期演化、城市分化、金融风险与调控策略四个角度分别进行了深入分析。与其他券商研究报告的显著不同在于：第一，我们通过构建一个城市房地产基本面分析模型，来分析 35 个大中城市的房价上涨潜力。记得在报告中，我们基于模型的分析指出，在 35 个大中城市中，厦门是房价最被高估的城市之一，而成都是房价最被低估的城市之一。后来房地产市场的发展无疑印证了我们的判断。第二，我们估算了整个商业银行体系中涉房贷款占总资产的比重，并以情景分析的方式来推测，如果房价显著下跌，可能给整个商业银行体系以及不同所有制商业银行造成的潜在冲击。

又如，2018 年上半年，我们在市场上率先推出了中美贸易战的系列研究报告。从美国开展贸易战的历史经验、本轮中美贸易战会拿哪些行业开刀、美国在贸易领域之外的后手、贸易战可能演化为金融战等视角，对中美贸易战的演进进行了前瞻性的分析。记得我在 2018 年 3 月的路演中，就着重强调了中美贸易战加剧对宏观经济与资产价格的不利影响。而在那时，国内市场普遍对中美贸易摩擦的前景抱以乐观的态度。应该说，2018 年以来中美贸易摩擦的演进，在很大程度上印证了我们系列报告的相关预测。当然，从 2018 年第二季度起，国内券商就开始密集地研究中美贸易战了，相关研究报告可以用汗牛充栋来形容。

2020 年 4 月 9 日，中共中央、国务院印发《关于构建更加完善的要素市场化配置体制机制的意见》。这一文件提出要加快土地、户籍、人才、金融、科技、数据等要素的价格市场化以及自由流动。这意味着，在未来较长一段时间内，要素市场化配置将成为中国下一轮结构性改革的重要抓手。而在要素市场化配置的背景下，以区域经济一体化为核心的都市圈建设与城市群建设将成为大势所趋。

2020 年 5 月，中共中央、国务院出台了《关于新时代加快完善社会主义市场经济体制的意见》。该文件指出："构建区域协调发展新机制，完善京津冀协同发展、长江经济带发展、长江三角洲区域一体化发展、粤港澳大湾区建设、黄河流域生态保护和高质量发展等国家重大区域战略推进实施机制，形成主体功能明显、优势互补、高质量发展的区域经济布局。"这意味着区域协调发展将成为未来相当长时间内中国最重要的国家战略之一。

2020 年 7 月 30 日，中央政治局会议提出要加快形成以国内大循环为主体、国内国际双循环相互促进的新发展格局。构建"双循环"新发展格局很可能成为贯穿"十四五""十五五"规划时期的结构性改革总方向。笔者认为，构建以国内大循环为主体的新发展格局，至少有三大政策支柱：一是消费扩大与消费升级，二是产业结构升级与技术创新，三是要素流动与区域一体化。换言之，区域一体化也是构建"双循环"新发展格局的重要环节。

在 2020 年 10 月 29 日，党的十九届五中全会通过的《中共中央关于制定国民经济和社会发展第十四个五年规划和二〇三五年远景目标的建议》中指出，推动区域协调发展；推进京津冀协同发展、长江经济带发展、粤港澳大湾区建设、长三角一体化发展，打造创新平台和新增长极。

事实上，从 2018 年第二季度起，我就带着平安证券宏观团队，开始了新时代中国区域一体化的系列研究。之所以选择这个专题进行研究，主要是基于如下考量：第一，区域先行一直是中国经济改革开放的重要策略之一。“80 年代看广东，90 年代看浦东”就充分地说明了这一点。然而继珠三角、长三角成功崛起之后，其他的区域发展概念（如京津冀一体化、东北振兴、中部崛起、西部大开发等）似乎都没有前两者那么成功。第二，在全球经济持续低迷（长期性停滞）、贸易保护主义抬头、地缘政治冲突加剧的背景下，中国经济持续增长的动力源泉将主要在国内，而如何实施新一轮的区域经济一体化则可能成为政策的重中之重。事实上，粤港澳大湾区、长江经济带、雄安新区等概念的提出，背后都折射出区域一体化或区域联动的新思路。第三，从资源集约与市场趋势的角度来讲，中国政府都应该推进城市化而非城镇化。但在目前限制超大城市规模的政策已成定局的前提下，城市群的发展无疑是大势所趋。呈现在读者眼前的这本书，就是我们团队在上述系列研究报告的基础上，进行了大幅扩充、更新与完善之后的新成果。

在本书的研究中，我们选取了五个最具代表性也最富增长前景的区域，分别是粤港澳大湾区、长三角、京津冀、中部六省与西三角（成都、重庆、西安）。每一章都分析一个特定区域的资源禀赋、当前产业、优势劣势，也努力与发达国家特定区域对标，最后来探讨未来的发展方向、新兴产业与投资领域。在全书结束部分，我们对上述五个区域进行了全面的对比分析。

我们分析发现，其实在每个区域中，都有一个核心的城市三角形涌现出来。粤港澳湾区的核心三角是深圳、广州与佛山（东莞无疑是一颗遗珠），长三角的核心三角是上海、杭州与南京，京津冀的核心三角是北京、天津与雄安（当然，雄安的未来依然存在不确定性），中部六省的核心三角是武汉、郑州与合肥（长沙也是一颗遗珠），西三角的核心城市则是成都、重庆与西安（贵阳也是一颗遗珠）。有趣的是，在每个三角形中，三个城市之间也有分工。大致看来，都有一个金融中心、一个制造中心、一个研发中心。

我们认为，未来中国经济增长的主引擎，很可能就是代表这五个核心区域的五个城市三角形。无论增长动力还是投资领域，市场与投资者都应该集中关注这五个城市三角形。例如，在中国房地产市场即将发生趋势性转变的背景下，未来如果说房地产投资还有潜力的话，很可能就在我们框定的这 15～20 个城市里。而在一个城市三角形中，房价明显低于其他城市的，就很可能具有较大的房价上涨潜力。

有经济学家认为，在东亚国家经济崛起的过程中，存在一个雁阵模式。在这个模式中，美国与日本是领头雁，中国与亚洲四小龙是第二梯队，泰国、菲律宾、马来西亚、印尼等国家则是第三梯队。我们则认为，在未来中国经济的新一轮增长中，也存在新的国内雁阵模式。在这个模式中，粤港澳大湾区与长三角是领头雁，京津冀、中三角与西三角是第二梯队，全国其他区域则是第三梯队。这三个梯队在经济发展水平、优势资源与市场化程度方面存在一定差异，因此为知识扩散、产业转移与差异化发展战略提供了腾挪空间。在全球贸易投资体系日益碎片化、经济与金融全球化面临逆转威胁、国际政治经济局势波诡云谲的环境下，这一新的国内雁阵模式使得中国经济不仅能够深度挖掘内部统一大市场的潜力，还能够更好地开展与其他国家、其他区域（例如与“一带一路”沿线国家）的深度合作。

值得一提的是，在新冠疫情爆发之后，全球产业链演进可能会出现区域化与本地化的新趋势，未来中国急需增强在东亚产业链的龙头与枢纽作用。再考虑到《区域全面经济伙伴关系协定》（RCEP）在2020年底终于成功签署，这就意味着，未来在东亚区域可能形成以中、日、韩、澳、新为领头雁，以东盟较为发达成员国为第二梯队，以东盟欠发达成员国为第三梯队的新的国际雁阵模式。国内国际双雁阵模式的塑造，有助于中国强化自己在全球产业链的核心地位，并实现“以内促外”式的国内循环与国际循环互动。

我们期望本书能够推动学界、市场与政策制定者更加关注新一轮的区域经济一体化浪潮。事实上，在中国宏观经济增长趋势性下降、增长效率持续低迷、全球经济尚未摆脱长期性停滞、国际贸易保护主义甚嚣尘上的背景下，重新激活中国的新一轮区域一体化进程，促进中西部经济与东部经济更好地融合，消除区域之间的各种有形无形壁垒，锻造交易成本更为低廉的全国大市场，既是中国经济持续增长、摆脱中等收入陷阱的重要保障，也是进一步焕发消费引擎活力、推动消费持续升级的重要举措。

最后，我要感谢平安证券宏观团队的各位成员：陈骁、魏伟、郭子睿、薛威、杨璇、王鑫等。他们均为报告的写作尽心尽力，还花费了很多工作之外的时间。感谢平安集团与平安证券各位领导的大力支持。我曾经在一篇文章中写到，能够找到一帮志同道合、彼此信赖的朋友与同事，工作时戮力同心、相互扶持，闲暇时喝点小酒并相互交流，这是我心目中的理想工作环境。其实，这也是我在平安证券工作的直接体会。

张　明

中国社科院金融研究所副所长

国家金融与发展实验室副主任

目　录

第一章

区域经济一体化：未来中国经济增长主引擎

自2010年以来，我国年度GDP同比增速处于持续下行态势。经济增速持续下行，既有短期周期性因素，也有长期结构性因素。2020年新型冠状病毒肺炎疫情的爆发，进一步增大了国内宏观经济增速的下行压力。面对经济可能存在的衰退风险，决策者既需要加大逆周期调控，也需要加快结构性改革。逆周期调控政策通常用来应对经济的短期波动，主要包括货币政策和财政政策，对于短期稳增长具有较好的效果；结构性改革政策通常用来应对经济的潜在增速下行，目的是通过提升全要素生产率或劳动生产率来提振经济的中长期增长，虽然短期内无法起到稳增长的效果，但有助于提振市场信心。

区域一体化与经济增长的关系

从长期来看，区域一体化对经济增长是有利的，其背后存在着某些相对确定的机制。但是在不同的发展阶段、不同的地区以及不同的前提条件下，区域一体化对经济增长的影响呈现出异质性。此外，区域一体化对经济增长的影响并非线性的，需要通过具体措施加强引导和规划，以更好地发挥区域一体化对经济增长的促进作用。

从20世纪下半叶开始，区域一体化理念和实践在全球范围内加速深化，不同类型的区域协同发展组织和区域一体化组织陆续出现，已经成为推动全球分工、促进要素自由流动以及加强经济贸易联系的重要力量。随着国际产业体系分工深化和产业转移，作为一个幅员辽阔、具备完备产业体系的大国，我国内部某些存在空间联系的区域也出现了一体化的趋势，包括长三角一体化、珠三角一体化、京津冀一体化、中部一体化、西三角一体化以及长株潭一体化等。这些区域通过打破空间、行政界限，建立区域统一市场、加快区域要素流动、探索区域分工定位来促进区域协调发展，已经成为中国经济重要的增长极。2018年11月出台的《中共中央、国务院关于建立更加有效的区域协调发展新机制的意见》强化了区域市场一体化建设的目标，要求按照建设统一、开放、竞争、有序的市场体系要求，推动长江经济带区域市场建设，探索规划和建立制度统一、发展模式共推、治理方式一致、区域市场联动的区域市场一体化发展新机制。

学术界关于区域一体化的探讨包括方方面面，涉及区域一体化程度的测度（如用交通联系、区域内价格水平，以及贸易法、经济周期法、生产法等测度）、区域一体化阶段的探讨（如空间一体化阶段、要素一体化阶段、制度一体化阶段等）、区域一体化对经济增长与经济发展的影响机制探讨（如规模经济、分工机制、竞争机制、虹吸效应等）、具体区域的一体化模式研究（长江流域、长三角、珠三角、京津冀、西三角、中三角、长株潭等一体化）等。其中讨论最多也最为集中的是区域一体化对经济增长的影响，包括对区域经济增长速度的影响、对区域经济增长质量的影响以及对区域内不同城市协调发展的影响。

本节将从区域一体化的概念、动力和特点出发，梳理现有理论中涉及区域一体化和经济增长这一对关系的研究，并得出相应结论。

◎ 区域一体化溯源

区域一体化的概念由来已久，最初是指具有一定地缘关系的一组国家（地区）在生产的某些领域实行不同程度的经济联合和共同的经济调节，逐步取消各种贸易障碍，实现商品和生产要素在该区域内的自由流动。孙大斌（2003）认为，区域一体化的概念在我国有一定的政府利益偏好属性，我国国内的经济一体化可以定义为：在一个主权国家范围内，具有一定地缘关系的省份之间、省份内各地区之间以及城市之间，为谋求发展而在某些领域实行不同程度的经济联合调节，形成一个不受区域限制的产品、要素、劳动力以及资本自由流动的统一区域市场的动态过程。其目的是在区域内实行地区合理分工、优化资源配置、提高资源使用效率、促进联合体共同繁荣。

部分学者将一体化看作选择的结果，其他学者则认为一体化是一个动态过程。早期的学者倾向于将经济一体化过程看作微观主体的区位选择，区域一体化对经济的影响实际上就是经济活动的不同空间分布对经济增长的影响，认为区位分布是“聚集力”和“分散力”相互作用的结果。“聚集力”主要在于规模经济和接近市场能够降低成本，包括运输成本、生活成本等；“分散力”则是拥挤效应带来的成本提高。在聚集力发挥作用时，成本的下降会带来实际收入水平的提高。这种对于区域一体化的认识既属于经济学的范畴，也属于地理学的范畴。

孙大斌（2003）认为，尽管我国最初的区域一体化有政府行为的成分，但是随着改革开放的深入，一体化的动力机制转变为产业簇群化、产业梯度转移和高新技术打破产业边界后的产业融合化发展，因此区域一体化的过程背后是某些产业方面联系的不断深化。部分学者将区域一体化看作一个空间非均衡动态过程，经济活动向具备区位优势的地域集聚，这在初期阶段会促进基础设施的改善、工业制造业的发展，但随后也会带来区域收入差距的扩大。黎文勇和杨上广（2019）在对长三角一体化的研究中提出，一体化的动力在于原先要素市场的分割状态导致要素资源难以跨区域流动，从而使得经济增长效率受到不同程度的抑制，因此区域一体化的关键在于一体化市场的建设和城市分工体系的构建。孙博文（2019）认为，市场一体化兼具“市场化”和“空间一体化”的双重属性，即既关注“交换经济”的现实，也关注要素和商品的跨区域流动带来的增长空间溢出。

总的来说，现阶段学界普遍认同区域一体化不仅仅是区位选择的结果，而且是一个动态的、交互的过程。值得注意的是，一体化的形态是不是一定表现为“聚集”还有待商榷；现阶段一体化的动力更多地体现在当地的产业有某种集聚性或是互补性，或是当地的市场割裂状态严重阻碍了经济增长和整体福利水平的提高。区域一体化整体呈现出市场一体化、产业分工体系的构建、要素流动带来的空间溢出等特点。

◎ 区域一体化与经济增长

关于区域一体化对经济增长的影响，学界提出了与市场一体化相对的市场分割这一概念。银温泉和才婉茹（2001）认为，市场非一体化对地方经济具有短暂促进作用，长期市场分割将导致经济运行机制扭曲。陆铭和陈钊（2009）认为，市场非一体化对经济增长呈现倒 U 形的作用，期初市场非一体化对经济增长具有积极作用，后期作用将减小甚至阻碍经济增长。

近年来，更多研究倾向于认为，市场一体化对经济增长的作用与该地区的经济发展水平密切相关。卜茂亮、高彦彦和张三峰（2010）对长三角地区市场一体化的经济增长效应进行研究，认为市场一体化的增长效应与区域经济的发展水平相关，在低经济发展水平阶段市场非一体化促进经济增长，高经济发展水平阶段市场一体化促进经济增长。杨林和陈喜强（2017）通过研究发现区域经济发展水平的高低影响着区域市场一体化的经济增长效应，高经济发展水平组的市场一体化的经济增长效应比低经济发展水平组小。杨丹丹、马红梅和杜宇晨（2019）利用长江经济带沿线 11 省市的数据，将市场一体化指数与其经济发展水平指标的交互项直接添加到经济增长模型中，通过实证分析发现，长江经济带 2011 年到 2014 年一体化水平上升平缓，之后趋于平稳水平；还发现长江经济带整体发展处于区域市场非一体化更有利于经济增长的阶段。其实证结果显示，在该阶段，市场一体化水平的提升对经济增长具有一定的抑制作用，且该抑制作用呈现出一定程度的时滞性。整体而言，长江经济带整体仍然处于政府财政支出、固定资产投资和人力资本集聚拉动经济增长的阶段，市场一体化呈现出的还是抑制作用；此外，市场一体化水平对经济增长的影响在某种程度上取决于该地区经济发展水平，经济发展水平较高的地区受到的抑制小于欠发达地区。

随着对区域一体化研究的逐步加深，有的学者开始不仅关注经济增长，同时开始研究区域一体化对经济增长质量的影响。经济增长质量通常被认为比经济增长有着更为丰富的内涵，包括生产效率的提高、经济结构的优化、收入差距的缩小和社会福利水平的提升等。李雪松、张雨迪和孙博文（2017）利用DEA模型对长江流域一体化进行研究时发现，对于效率变动指标而言，只有长三角城市群区域一体化水平的提升能够显著促进效率的进步；对于技术进步指标而言，区域一体化水平的提升显著促进了长三角以及成渝城市群技术水平的进步；对于全要素生产率指标而言，只有成渝城市群的区域一体化水平提升能够显著提高全要素生产率。这意味着，一体化对于不同区域的影响存在异质性。黎文勇和杨上广（2019）认为，区域一体化能通过市场一体化和城市功能专业化提高经济增长质量。市场一体化引致的市场规模扩大和竞争加剧有助于促进要素资源跨区流动、知识溢出和技术扩散，推动技术创新和结构升级，提高经济发展质量。城市功能分工通过促进城市间形成功能错位、优势互补、良性互动的空间发展格局，进而影响经济发展质量。

黄文和张羽瑶（2019）通过对长江经济带城市群的实证考

察得出了以下结论：第一，自区域一体化战略实施以来，长江经济带区域内的城市经济高质量发展水平显著提升，但在长江经济带的上游、中游、下游区域存在显著的地区差异。第二，一体化对城市经济高质量发展的影响因地区生产性服务业集聚程度的不同而不同，主要呈现出一种非线性的倒U形特征。在低集聚度和高集聚度地区，一体化有利于城市经济高质量发展；而在中集聚度地区却呈现相反的效果。但总体而言，区域一体化能够有效减少流通交易成本，发挥区域市场的规模经济效应，促进产业专业化发展以及产业间的知识溢出。因而，区域一体化对实现商品和要素的优化配置，以及提高区域经济的增长质量具有重要意义。程必定（2019）认为，一体化推动高质量发展的核心在于在资源禀赋差异和技术进步的基础上，围绕产业链的现代化，推进更高水平的产业协同发展，以现代化的产业体系实现经济增长的高质量。

总体来说，多数研究认为，长期而言，区域一体化对区域整体经济增长是有利的，只是在一体化的不同阶段以及对一体化组织中不同城市的影响存在异质性，这一方面是因为，在某些阶段，有些城市还是处于依靠资源、投资拉动经济增长的阶段；或是该区域一体化程度不高，仅仅存在空间形式上的一体化，要素层面、制度层面实质性的一体化还未出现，对经济增长影响的作用依然较为有限。另一方面，或许是因为某些城市在该区域内不存在较为明显的比较优势，因此无法充分获取一体化带来的好处。

◎ 区域一体化对经济增长影响的机制

在区域一体化对经济增长影响的机制方面，许多学者认为，在区域一体化的过程中，资源的自由流动和区域内不同城市在产业结构方面的分工是促进经济增长的主要原因。李雪松、张雨迪和孙博文（2017）认为，区域一体化对经济增长的正面影响正是财税分权下市场分割给经济增长带来的不利影响的反面。市场分割下的行政壁垒、技术壁垒、贸易壁垒带来了要素流动的障碍，不利于资源优化配置；此外，市场分割带来了地方投资建设的同质化和产业结构趋同，造成了资源浪费。区域一体化则有效规避了这些不利影响，可以充分发挥不同区域的比较优势，从而提高经济增长效率。

有些学者还关注到了空间溢出对区域经济增长的影响，孙博文（2019）认为，经济发达地区不仅通过“回波效应”从其他欠发达地区吸引人口流入、资本流入和商品流入，以加快自身发展，扩大区域收入差距，而且存在为欠发达地区提供资本、人才和技术等要素而加快欠发达地区发展的“扩散效应”或者“溢出效应”。随着经济一体化程度的加深，区域之间经济增长差距存在先扩大后降低的趋势。袁嘉琪、卜伟和杨玉霞（2019）

对京津冀一体化的研究发现，尽管京津冀地区产业体系整体处于低附加值产业的中下游环节，存在“双重低端锁定”的问题，但京津冀协同发展政策通过之后所形成的以区域联系为基础的京津冀区域价值链能够促进该地区的经济发展和产业升级，且人均GDP较低省市的产业升级效应更加明显。区域联系对京津冀产业升级和经济发展的影响是通过北京的技术外溢实现的，但这一影响尽管对区域整体经济增长具有促进作用，对河北和天津却表现出一定程度的抑制作用。此外，一体化过程中规模经济带来的基础设施、生产性服务业的集聚，有助于降低成本，从而促进经济增长。而关于区域一体化对经济增长的负面影响的机制，则更多的是由区域内部发展不平衡带来的。

通过对区域一体化和经济增长之间关系的研究梳理，我们发现：

第一，大部分研究在实证层面发现，区域一体化对经济增长确实有一定的促进作用。这一有利影响主要是通过市场一体化、竞争机制、规模经济、产业分工、知识技术外溢等机制来实现的。但是，迄今为止的研究在逻辑链条方面的论证并不十分完备，有些观点有待商榷。比如就竞争机制而言，如果区域内制造业水平悬殊，对相对落后地区的产业崛起形成冲击，是否反而会产生类似于“幼稚工业保护理论”的观点，从而加剧区域分割？比如就技术外溢而言，在某些相对落后地区并没有出现高素质人才流动，也没有出现高附加值产业转移，那么技术外溢究竟如何实现？比如就区域一体化、市场一体化而言，是否只是带来落后地区的人口、资源等要素向该区域中心城市聚集，从而实现经济增长，实质上仅仅是城市化促进的经济增长？此外，一般认为，投资、消费的增加以及全要素生产率的提高才是经济增长的直接推动力，因此，通过市场一体化、规模经济、产业分工、知识技术外溢等机制进一步带来投资、消费增加和全要素生产率提高，从而促进经济增长的链条也需要进一步论证。

第二，对于实证研究来说，由于样本选取、模型选取以及假设前提的差异，区域一体化对经济增长的影响呈现出异质性。整体来看，区域一体化对经济增长的促进作用在一体化程度较低、经济发展整体处于低水平平衡以及产业结构同质化程度高的地区表现相对不明显。那么，在经济发展整体水平不高，该区域没有在科技、资本、制度方面具备明显优势的中心城市的情况下，要如何通过技术、资本的外溢推动经济增长？产业联系是否是一体化推动经济增长的必要前提条件，能否通过其他层面的联系推动经济增长？

第三，许多研究发现，区域一体化促进经济增长的过程中，也有加剧区域发展不平衡的风险，这一点在京津冀一体化的过程中有所体现。相关研究发现，京津冀之间交通联系的密切带来了非常强的虹吸效应，北京流向天津的人才数量远小于天津流向北京的人才数量，导致了天津人力资源流失，对天津经济增长有抑制作用。又如整个长江流域的一体化中，以上海、武汉、重庆为区域三点增长极产生的“回波效应”大于“扩散效应”，导致贵州、云南等欠发达省份可能存在经济竞争力不强、资源要素流失等问题。在区域内部没有形成有序的梯度、城市等级结构不合理、中等城市和小城市发展不足，导致发达地区所出现的产业集聚、形成的产业规模和产业链向周边落后地区推广的速度较为缓慢，反而拉大了区域差距。

◎ 小结

本节对近年来现有理论中涉及区域一体化和经济增长这一对关系的研究进行了梳理和分析，得出了以下结论：

第一，空间上的联系和区域一体化并不能画等号，区域内交通通达度的提高对经济增长的促进作用有限，区域一体化更多地需要通过市场一体化、要素一体化乃至制度一体化来加强区域深层次联系，从而促进经济增长。

第二，就现有研究而言，产业层面的联系对区域一体化意义重大，这一联系可以是产业的分工互补，如互联网、制造业和包括金融在内的生产性服务业的互补，一体化对经济增长促进作用较为明显的长三角和珠三角就呈现出这一形态；也可以是产业链上下游之间的互补；还可以是区域内产业呈现出梯度，存在产业转移的可能性。一方面，产业层面的联系是一体化的前提和动力，产业联系越紧密的地区越容易形成相对完备的一体化；另一方面，产业联系相对紧密的区域，区域一体化对经济增长的促进作用更明显。

第三，在某些地区，区域一体化对经济增长的促进作用之所以不明显，主要在于一体化程度不够高，其中关键在于行政区划存在分割，缺乏统一的利益协调机制。具体表现在：高层次的合作磋商机制不够完善，还缺乏一个整体的合作理念和顶层设计，在产品、生产要素以及服务市场等方面出现的不够统一、不规范竞争和各自为政的问题还比较普遍，导致制度层面的一体化还比较缺乏。

第四，区域一体化可能带来区域内经济增长不平衡的问题。在某些区域，由于不同城市之间在资源禀赋、产业实力、科技水平、人才吸引力以及政策条件等方面相差过于悬殊，区域联系的日益密切却带来了相对落后地区资源、人才等要素的流失，同时没有实现产业结构的调整升级，最终导致区域增长差距不断拉大，不利于区域可持续发展。因此，加强对区域内落后地区的关注和扶持，加强区域内的规划、协调和分工尤为重要。

区域经济一体化将会成为新时代经济增长主引擎

在改革开放后的前30年间，中国经济通过充分发挥劳动力数量、人力资本、实物资本、技术进步以及制度变革等方面的红利，实现了经济的持续高速增长。但是随着传统红利的衰减，自2008年全球金融危机爆发至今，中国经济增速呈现出持续放缓的趋势。

与此同时，与世界范围内的区域一体化相对应，我国内部的区域一体化战略正在成为国家和地区支撑经济增长新的战略选择。基础设施一体化、产业结构一体化、市场和要素一体化、公共服务一体化以及区域政策一体化，在促进要素自由流动、发挥区域比较优势、实现空间外溢和规模经济等方面发挥了重要作用，并进一步带动劳动力、人力资本、实物资本的集聚以及技术的扩散，在需求和供给侧同时发力，促进了区域内的经济增长。

当前，需要加强区域一体化基础设施建设、明确区域内产业分工、打造区域强大的统一市场以及建立区域内统一的利益协调机制来深化区域一体化进程，挖掘区域经济增长潜力，将区域一体化打造为未来一二十年中国经济增长的主引擎。

◎ 区域一体化正成为支撑经济增长的新战略选择

随着全球经济增速持续下滑，世界各国都在寻找新的增长动能。在新一轮技术革命尚未全面爆发的前提下，区域经济一体化日益成为世界各国推动经济增长的重要选择。以欧盟、北美自由贸易区、亚太经合组织以及东盟为代表的一体化组织在世界经济舞台中空前活跃，在挖掘不同国家与地区的资源禀赋、促进全球要素自由流动方面发挥着重要作用。

与国际一体化组织相对应，我国内部某些存在空间联系的区域也出现了一体化趋势，包括长三角一体化、珠三角一体化、京津冀一体化、中部一体化、西三角一体化以及长株潭一体化等，这些地区通过不断打破空间与行政界限、建立区域统一市场、加快区域要素流动、探索区域分工定位来促进区域协调发展，已经成为中国经济重要的增长极。

2018 年 11 月，《中共中央、国务院关于建立更加有效的区域协调发展新机制的意见》发布，明确要围绕努力实现基本公共服务均等化、基础设施通达程度比较均衡、人民基本生活保障水平大体相当的目标，加快形成统筹有力、竞争有序、绿色协调、共享共赢的区域协调发展新机制，促进区域协调发展向更高水平和更高质量迈进。区域一体化战略的重要地位日益凸显。

在我国，区域一体化带有明显的政府行政色彩，往往上升到地区战略甚至国家战略的高度，一旦形成战略规划，就会统一部署，确定一体化的目标、发展阶段、城市定位以及产业分工等。总体来说，区域一体化的内涵包括基础设施的一体化、市场要素一体化、产业结构一体化、公共服务一体化以及区域政策一体化，这同时也是一个区域一体化进程逐步深化的过程。

1. 基础设施一体化

“要想富，先修路。”基础设施一体化和交通通达度的提高在区域一体化推动经济增长的过程中往往占据基础性、先导性地位，是促进、引导要素流动的动脉，同时也相对容易实施。每个地区的区域一体化建设都会伴随着超前交通通达度概念的提出或是重大交通工程的实施，例如京津冀的“一小时交通圈”“轨道上的京津冀”“二环八通四联”，又如粤港澳大湾区的“世界级机场群”和港珠澳大桥。近年来，随着通信和5G技术的快速发展，基础设施一体化的概念已经不限于交通基础设施，还涵盖通信基础设施等。基础设施建设的空间非常广阔，区域一体化正在致力于建立包含轨道交通、公路交通、铁路交通、航运交通以及空中交通的立体化交通体系，同时还将不断进行技术应用和迭代，在打破空间障碍的同时拉动投资开发建设。不过值得注意的是，交通通达度的提高给区域内不同城市带来的影响并非完全一致，如研究发现，京津冀之间密切的交通联系带来了非常强的虹吸效应，北京流向天津的人才数量远小于天津流向北京的人才数量，导致天津人力资源流失，对天津经济增长有抑制作用。

2. 市场和要素一体化

市场和要素一体化在区域一体化进程中占据着至关重要的地位。学术界在关于一体化程度的测度中，广泛使用价格方法进行测量，这充分说明了市场和要素一体化的代表性及重要意义。建立区域内统一的商品市场、资本市场、劳动力市场、技术市场以及人才市场，是一体化战略规划的重要组成部分。交通通达度的提高并不会带来要素自发流动，高效的平台、畅通的信息、合理的定价以及良好的营商环境是必不可少的。统一市场的打造不仅体现在要素方面，还体现在营商环境层面。例如，上海发布了《上海市全面深化国际一流营商环境建设实施方案》，正在试点建立长三角统一的市场准入和监管规则，通过推进实施市场准入负面清单制度、推进“证照分离”改革全覆盖、加强企业服务和投资促进体系建设来打造高质量的统一市场。市场一体化能推动要素自由流动、降低要素成本，达到提高资源配置效率的目的。

3. 产业结构一体化

地区的产业结构形态往往是微观主体选择和地方政府行为

的结果。在自由放任的市场环境下，微观主体区位选择往往会向有区位优势的地区集聚，带来发展不平衡和拥挤效应。而在地方政府各自为政的状态下，可能出现投资建设的同质化，进而带来产业结构的同质化。区域一体化战略倾向于加强区域产业联系，寻找最优的产业结构，这一联系可以是产业的分工互补，如互联网、制造业和生产性服务业的互补；也可以是产业链上下游之间的联系；还可以是区域内产业呈现出梯度格局，存在产业转移的可能性。区域一体化程度较高的地区，都存在相对明晰的产业分工。例如，珠三角西岸主要为技术密集型产业带，以“装备制造业＋农业”为主；东岸主要为知识密集型产业带，以“新兴产业＋高科技”为主，其中包括互联网、人工智能、科技创新等；沿海则为生态保护型产业带，包括先进制造业、现代服务业；同时，东岸、西岸、沿海城市群加强联系与合作，优势互补，共同构建产业结构。又如，在京津冀一体化中，北京产业高端化趋势明显，天津服务业快速提升，而河北的先进制造业迅猛发展。产业结构一体化一方面通过产业分工发挥不同城市的比较优势，另一方面则通过产业转移形成技术外溢、优化产业结构。

4. 公共服务一体化

公共服务一体化实际上也是区域内部公共服务的均等化，公共服务一体化是促进人力资源充分自由流动的前提条件。公共服务主要包括养老、医疗、教育、文化等资源及相关基础设施，还包括社会保障制度。在迄今为止中国的区域一体化进程中，上述有些方面的差距在缩小，而另一些方面的差距则在扩大。例如在长三角地区，教育和医疗的内部差距在缩小，但是社会保障和文化基础设施的内部差距仍然在扩大。在数字化时代，公共服务的一体化还包括电子政务及智慧城市等方面，不同的城市和地区也能通过缩小数字鸿沟，充分享受数字化给公共服务使用者带来的便利。

5. 区域政策一体化

区域政策一体化是指在产业、财政、投资、金融、创新、土地、环保等相关政策层面实现某种程度的统筹。就现阶段的区域一体化而言，尽管许多地区已经在基础设施、市场要素、产业结构以及公共服务等层面实现了一定程度的一体化，但是在政府政策方面的一体化程度依然有待提高。部分相邻地区存在通过比拼优惠政策的方式招商引资的现象，带来地方投资趋同、支柱产业趋同和产业结构趋同的问题。此外，区域政策一体化程度低还会导致区域内规划缺乏整体性，从而带来公共服务和基础设施供给效率低下的问题。关键正是在于，行政区划分割导致缺乏统一的利益协调机制。这具体表现在，高层次的合作磋商机制不够完善，缺乏整体合作理念和顶层设计，在产品、生产要素与服务市场等方面出现的不够统一、不规范竞争和各自为政的问题还比较普遍。

总的来说，区域一体化整体呈现出市场一体化、产业分工体系的构建、要素流动带来的空间溢出等特点。区域一体化是一个动态的逐步深化的过程，其中，基础设施的一体化相对容易实现，产业结构一体化、市场和要素一体化以及公共服务一体化也在逐步推进，最大的难点在于政策和制度的一体化。

◎ 如何将区域一体化打造成为新的经济增长主引擎

尽管区域一体化对经济增长存在一定的拉动作用，但是由于现阶段某些地区的区域一体化程度不高，以及不同地区不同城市的初始资源禀赋存在差距等，迄今为止中国的区域一体化在实践中存在一些问题：其一，区域一体化对现阶段依然依靠资源开发和低水平投资刺激增长的相对落后地区可能存在抑制作用（杨林和陈喜强，2017）；其二，某些地区由于区域一体化程度偏低，区域一体化促进经济增长的潜力还未完全挖掘；其三，区域一体化可能会带来“马太效应”，加剧区域发展的不平衡状态。要更加充分地实施区域一体化战略，需要在为一体化创造良好政策条件、着力提高一体化程度的同时，采取措施去积极规避一体化可能带来的不利影响。

1. 推动与区域一体化相关的基础设施项目

如前所述，区域基础设施一体化在区域一体化战略中占据先导性、基础性地位，拉近区域内不同城市的空间距离，是推进高层次一体化的前提条件。如今我国正处在通过加大“新基建”投资对冲经济下行风险、提前布局关键领域的重要时间节点，通过补充基建短板、加大“新基建”投资来提升基础设施一体化水平，能够加强国家重大战略融合，更好地发挥区域一体化对释放经济长期增长潜力的促进作用。

重点措施包括以下几个方面：其一，加强国家重点一体化区域的基础设施建设，如京津冀、大湾区以及长三角等。这些区域是我国重要的经济增长极，不仅占据重大经济份额，在我国整体产业链中也位于较高层次。此外，这些区域还有着很强的空间溢出特点，是周边城市乃至全国经济的“火车头”。加大这些区域的重大工程项目建设，能够带动全国复工复产，支撑经济修复和增长。其二，加强城市轨道、区域生态、安置房建设、5G 网络建设等重要领域的区域一体化基础设施建设。这些工程有助于加强区域内联系、提高区域环境承载力、保障区域内民生以及促进产业信息化。同时，由于这些领域为“补短板”和“新基建”领域，在投资上依然大有可为，短期内不存在产能过剩的问题。其三，在加大基建投资的过程中更好地发挥市场机制的作用。应当加强招投标的规范性、公开性和透明性，同时积极引入社会资本参与，加强政府与社会资本的合作。长期的经济增长不可能完全靠政府主导的投资发挥作用，市场在资源配置方面的作用得到充分释放有利于提高投资效率，减少政府财政负担。与此同时，要引入新的技术和理念，提高区域内基础设施一体化的前瞻性。

2. 打造区域内强大的统一市场

社会分工的精细程度很大程度上取决于市场规模。市场规模越大，社会分工就越精细；分工越精细，规模经济就越显著，生产效率也会越高。此外，市场一体化也会促进区域内竞争，进而刺激企业改革创新，加强技术和管理的积累，提高效率。为此，应当着力建立区域内一体化的市场体系，破除阻碍商品和要素自由流动的地方政策壁垒以及地方法规，建立统一的市场准入和监管制度；应当梳理区域内各地在土地及税收等各方面的优惠政策，减少市场主体在不同城市所面对的政策不平等问题，让市场主体在规范、透明、公平、公正的政策环境中自由竞争；应当充分培育市场中介组织，市场中介组织对于降低交易成本、保障市场运行秩序、提高市场运行效率有重要意义，应当扶持会计师事务所、律师事务所、产权交易、资产评估、市场信息提供商以及各类行业协会的发展，提高市场组织的多元化水平；应当加强各类交易平台的建设，为市场活动提供更为高效的载体。打造各类一体化交易平台、一体化项目平台、一体化信息平台以及一体化政务平台等，促进现货、期货、批发交易平台的发展壮大，加快物流业、电子商务、供应链以及金融等行业的发展，为市场主体提供更为贴心的服务、更为丰富的风险管理手段以及更为良好的营商环境。

3. 加强区域内产业分工

经济利益是地方利益的基础，而经济利益的实现有赖于产业体系的发展壮大。过去，由于地方政府各自为政、条块分割，区域内存在产业同质化程度高、产业协同水平低的问题，严重影响了区域经济增长。要促进区域一体化，就必须加强产业联系、深化产业内分工，充分挖掘潜在的产业优势，并将产业优势转化为经济利益。为此，首先应该充分认清区域内各地的资源禀赋特点和比较优势，因地制宜地发展符合本地特点的特色产业，避免投资和产业的同质化。例如在京津冀地区，北京专利储备丰富，知识密集型产业发达，服务业占比高；天津现代工业体系齐全，且有天然良港；而河北自然资源丰富，劳动力数量规模大。在省级行政区划的分工定位相对清晰的情况下，省内的分工还有必要进一步细分，如河北内部保定汽车工业发展较好，石家庄生物医药发展水平高。其次，应该探索创新产业协同模式。产业一体化仅从宏观层面去讨论是不够的，还需要有微观的协同机制或载体，以实现利益共享。例如通过建立跨城市的产业开发区为产业集聚提供空间载体；又如创建区域内产业技术联盟以促进技术的相互学习和合作，集中力量进行科研攻关；再如建设区域内产业供应链，以提高物流、仓储等方面的效率，进一步深化区域内分工深度，提高区域内产业附加值。

4. 建立区域内统一的利益协调机制

地方政府通常习惯于站在各自城市发展的角度思考问题。区域内的利益分割是区域内重复建设、产业同质、要素壁垒等问题产生的根源，并进一步影响区域一体化进程。如曾有媒体报道，北京开出的第一批 207 家外迁公司名单，主要涉及化工、建材、铸造等门类，名单已经通报给天津、河北等地，但尚未出现对接成功案例，原因在于第一批外迁的公司大都是高污染、高耗能企业，将给迁入地经济社会发展增加负担。由于局部利益的存在，地方政府在财税、土地、生态、社保、市场监管等各方面政策和制度都较难做到很好地衔接和统一。

为此，应当加强区域内一体化顶层设计，建立较高统筹层次的利益协调机制，并赋予其与推进一体化职能相匹配的权力。此外，还要建立区域内良好的利益补偿机制。区域内产业协同遇到的阻碍除了行政壁垒的存在，还包括缺乏有效的补偿机制。由于区域内分工的存在，某些区域需要通过输出自然资源甚至相对而言牺牲一部分生态环境来实现区域内经济协同发展，因此有必要建立生态共建、资源共享的补偿机制，以更好地协调区域内各方利益。最后，要将区域内一致的意见和目标落实到具体的制度安排，并建立相应的监督和评价机制，如通过签署合作契约、落实区域内投融资规划来实现具体的规制，通过一体化项目完成程度考核和评价来激励和约束地方政府行为。

第二章

大湾区珠三角：金融、创新为两翼，内外联动助腾飞

在以开放促改革的战略指导下，区域经济一体化将成为新一轮改革开放的主要抓手，未来几年全国建设的重点也将放在雄安新区、长江经济带、粤港澳大湾区等区域经济的一体化发展上。可以说，区域经济一体化的成功与否代表着我国新一轮以开放促改革的战略实践的开端如何。在区域经济一体化的过程中，伴随着区域经济的转型升级，投资机会也将获得市场关注。本章将从历史背景、资源禀赋、经济环境、国际经验四个角度来剖析粤港澳大湾区，并在四大角度的研究结论基础上得出粤港澳大湾区未来发展的主要方向与发展过程中的投资机会。

历史背景：改革开放先行者，腾笼换鸟迎创新

◎ 改革开放先行者有望引领新一轮改革开放

粤港澳大湾区于 2015 年 3 月在《推动共建丝绸之路经济带和 21 世纪海上丝绸之路的愿景与行动》中首次提出，于 2017 年 3 月 5 日召开的十二届全国人大五次会议上的政府工作报告

中正式提出。党的十九大报告中指出："支持香港、澳门融入国家发展大局，以粤港澳大湾区建设、粤港澳合作、泛珠三角区域合作等为重点，全面推进内地同香港、澳门互利合作。"

粤港澳大湾区由广东省的广州、深圳、佛山、肇庆、东莞、惠州、珠海、中山、江门 9 市和香港、澳门两个特别行政区组成，与原珠江三角洲和港澳合成的"大珠三角"在覆盖范围上一致。1978 年改革开放之后，广东省由于毗邻港澳，且拥有绝佳的地理位置，在我国对外开放前十年的进程中独占鳌头。

在改革开放初期，广东省率先放开价格管制，并开创了当时吸引外资的主要方式——"三来一补"外贸形式，深圳蛇口也于 1979 年成立了内地首个出口加工区。同年 7 月 5 日，广东省的深圳、珠海和汕头三市进入首批经济特区名单，成为改革政策的试验区。之后，广东省率先实行财政体制改革与流通体制改革，引领了我国 20 世纪 80 年代的改革开放潮流。珠三角也在 80—90 年代开创了"前店后厂"模式。

广东之所以能够在 20 世纪 80 年代的改革开放中独领风骚，主要受益于毗邻港澳的地理条件与改革开放的政策优势，外资的进入与市场的放开使得珠三角成为当时外资涌入、外来人口聚集的目的地。2003 年 CEPA（《关于建立更紧密经贸关系的安排》）签订后，珠三角的传统服务业得以迅速发展；2015 年 4 月广东自贸区的设立则带来了高端服务业的成长。在新时代的历史背景下，粤港澳大湾区在助力港澳融入国家发展大局的同时，有望引领新一轮的改革开放。

◎ 腾笼换鸟＋凤凰涅槃，创新驱动大湾区发展

在改革开放初期的政策优势下，珠三角依靠毗邻港澳的先天优势获得了近 30 年的快速发展。但是 2008 年全球金融危机爆发后，珠三角传统的劳动密集型产业受外需疲软冲击较大，转型升级迫在眉睫。2008 年 5 月底，时任广东省委书记汪洋在《中共广东省委、广东省人民政府关于推进产业转移和劳动力转移的决定》中提出“腾笼换鸟”战略，利用广东省经济发展的梯度特征，将珠三角劳动密集型产业向东西两翼、粤北山区转移；同时将东西两翼、粤北山区劳动力的一部分向当地第二、第三产业转移，另外一些较高素质劳动力向珠三角转移。在“腾笼换鸟”战略落地的同时，广东省还加快了产业转移园区的建立。

尽管在初期项目落地进度不及预期，但之后广东省通过出台《关于加快经济发展方式转变的若干意见》，提出要培育省内 500 强企业，并计划针对重污染行业提高排污费，对限制类、淘汰类企业实施差别电价以加快落后产能的淘汰，“腾笼换鸟”落地进度开始加快。

2013 年 1 月，时任广东省委书记胡春华在中共广东省委十

一届二次全会上表示，广东作为“排头兵、先行地、试验区”的地位不会一劳永逸，广东既要抓“腾笼换鸟”，又要推动“凤凰涅槃”，需要坚持不懈地来完成结构调整、转型升级这一项长期艰巨的战略任务。

在“腾笼换鸟”与“凤凰涅槃”的战略指引下，珠三角经历近十年的产业结构调整转型之后，服务业发展整体加快，制造业占比回落。尽管 2009—2011 年制造业占比有所反弹，但 2012 年后制造业占比逐渐回落，服务业占比显著上行。其中，深圳在信息技术、科技、教育、卫生等分项上的 2016 年产值占比较 2004 年有所提升，广州在金融、科技、娱乐、教育、卫生等分项上的 2016 年产值占比较 2005 年明显上行。另外，广深两地除了拥有平安、广药、白云山等著名集团外，还汇聚了华为、腾讯、大疆、中兴、佳都等大型科技公司，已成为中国的创新产业中心。创新也将成为粤港澳大湾区未来发展的重要驱动因素之一。

2019 年 2 月，中共中央、国务院印发《粤港澳大湾区发展规划纲要》，提出要将粤港澳大湾区建设成为充满活力的世界级城市群、具有全球影响力的国际科技创新中心、“一带一路”建设的重要支撑、内地与港澳深度合作示范区、宜居宜业宜游的优质生活圈。预计到 2022 年，粤港澳大湾区综合实力显著增强，国际一流湾区和世界级城市群框架基本形成；到 2035 年，大湾区形成以创新为主要支撑的经济体系和发展模式，国际一流湾区全面建成，彼时粤港澳大湾区经济实力、科技实力大幅跃升，国际竞争力、影响力将进一步增强。

2019 年 8 月 18 日，中共中央、国务院发布《关于支持深圳建设中国特色社会主义先行示范区的意见》，要求深圳在更高起点、更高层次、更高目标上推进改革开放，形成全面深化改革、全面扩大开放新格局；这也有利于更好地实施粤港澳大湾区战略。2020 年 10 月 11 日，中央进一步出台了《深圳建设中国特色社会主义先行示范区综合改革试点实施方案（2020—2025 年）》，分三步制定了从当前到 2025 年的建设目标，赋予深圳在重点领域和关键环节改革上更多的自主权，开启了深圳改革开放的新篇章。

资源禀赋：坐拥世界级港口群，高端人才助创新开放

粤港澳大湾区拥有绝佳的地理条件与优美的自然环境，此外，世界级港口群也使得粤港澳大湾区拥有外向型经济的天然优势。粤港澳大湾区作为全国唯一一个覆盖两种社会制度的区域，具有特别的政策优势；毗邻港澳的地理位置以及与港澳相近的文化特点使得粤港澳大湾区在吸引港澳人才上拥有优势，特别是香港拥有众多著名大学，粤港澳大湾区的人才优势显著。

◎ 金融危机后广深佛人口流入最多，世界级港口群助力大湾区成长

据国家统计局的数据，粤港澳大湾区人口在 2005 年就超过了 5 000 万。截至 2018 年末，总人口已达 7 018 万，其中广东九市占比达 89.8%，香港占比 9.3%，澳门占比不到 1 个百分点。分城市看，2018 年广州、深圳、东莞、佛山与香港人口数均超过 500 万，其中广深人数迈入千万大关。

从人口净流入角度看，2008 年之前，粤港澳大湾区净流入人口逐年递增，2008 年达到 268 万的最高位；2009—2010 年净流入人口仍维持在高位附近；在金融危机对出口导向型产业持续冲击的背景下，2010 年第六次全国人口普查后统计口径的优化集中凸显了该冲击对人口流入的影响，2011 年粤港澳大湾区净流入人口迅速回落至 38.8 万的低位，之后几年虽有所增加，但仍在低位徘徊；直到 2015 年，产业结构转型升级的效果才有所体现，净流入人口重新回到 100 万以上，2018 年增至 156 万。分城市看，2018 年粤港澳大湾区的净流入人口大部分都流向了广州与深圳，两地净流入人口占整个大湾区的比重分别为 26%与 31.9%；若按 2008 年金融危机之后人口净流入总规模统计，广州、深圳、佛山三城处于领先。从人口流向上也可以看出，广州、深圳领跑 2008 年后珠三角的产业结构调

整升级，佛山在该过程中也受益明显，吸引外来人口能力强于东莞、珠海等城市。

粤港澳大湾区总面积为5.6万平方公里，其中肇庆、惠州与江门面积最大，澳门与香港占地面积最小，除港澳外，珠海、中山、深圳、东莞面积占大湾区比重均不足5%，广州占13.2%的面积，佛山面积占比为6.9%。从区位上看，粤港澳大湾区覆盖了内地的珠三角地区与港澳两个特别行政区，形成了三面环山、一面临海的地貌特征。区域内地形相对平缓，汇聚了珠江、东江、西江及若干河流，水网密布，岛屿众多。地理条件优越，处于南海这一贯通印度洋与太平洋的黄金航道的北部正中，在海南岛与台湾岛之间，有着天然良港的条件。作为21世纪海上丝绸之路的起点，粤港澳大湾区还是东亚向东南亚、南亚、中东、非洲与欧洲等地的航运通道的重要节点。

粤港澳大湾区还拥有优美的自然环境。这里处于亚热带季风气候区域，季风上下风口分别为南海与高绿化率的丘陵及高原地带，外来污染源少的同时，区域内重污染产业不多，内生污染源少于其他城市群，且容易排除。在生态环境部公布的2018年全国城市空气质量排名中，粤港澳大湾区的惠州、深圳名列全国前十；空气优良天数占比也接近90%，远超长三角与京津冀。粤港澳大湾区还拥有丰富的旅游资源，正在努力打造世界级旅游目的地。

坐拥漫长海岸线及天然良港基础，粤港澳大湾区拥有众多高级别的海港与河港。海港首推4.5亿吨级别的广州港，深圳港年吞吐量也接近2亿吨，香港、虎门（东莞）、珠海港年吞吐量也达到亿吨级别，另外中山、惠州、江门港也达到千万吨级别。河港包括佛山、江门（内河）、中山（内河）、肇庆、惠州（内河）港，年吞吐量均超千万吨，另外还有虎门（内河）、广州新塘、广州五和等河港。在大湾区的世界级港口群中，广州、深圳、香港这三个国际枢纽港口拥有龙头地位，两侧主要起到了江海联运的配合作用。世界级港口群将在粤港澳大湾区成长为国际一线湾区的路上发挥重大推动作用。

延伸阅读

打造适应地区资源禀赋的城市形态——东京湾区发展经验

东京湾是一个面向太平洋的优良港湾，它分为东西两侧，东侧是千叶县的房总半岛，西侧是位于神奈川县的三浦半岛。东京湾通过两个半岛之间狭窄的浦贺水道与西邻的相模湾汇合，并与太平洋相连，面积约1 320平方公里。依托东京湾发展起来的东京都市圈，包括东京都、埼玉县、千叶县、神奈川县“一都三县”，面积1.34万平方公里，占全国总面积的3.5%，GDP总量约占全国的1/3。以东京湾的地形地貌、人口密度以及经济社会发展为基础，发展起了极富特色的城市形态，这一因地制宜的合理规划，也是东京湾能成为世界湾区典范的一大因素。

一、解决用地需要的方案：不断变化的海岸线

1966 年到 1975 年，日本迎来经济快速发展的黄金时期，伴随着经济繁荣的是工业用地和住宅用地需求的不断扩张。由于东京湾本身面积不足以支撑城市规模的膨胀，开垦海岸地区以及填海造陆成为不得已而为之的选择。这一阶段，当地政府在川崎、横滨和千叶海岸地区开垦了大片土地，在这些时期开垦的土地大部分与旧土地相连，主要用于重工业，包括机械加工、炼钢等依托于港口的产业，建成临港工业。自 1976 年以来，人工岛的建设一直是土地开垦的主要形式。从 1976 年到 1980 年，东京和千叶之间的填海规模比前一时期要小，其目的不是开发工业用地，而是开发商业、住宅和休闲用地。自 20 世纪 80 年代以来，土地的增加主要是提供能够支持东京及其周边地区人口集中居住的住宅用地。当前，东京湾填海面积已达 250 平方公里以上，东京迪士尼乐园、羽田机场等都是建在填海的土地上。然而，土地开垦会影响自然环境，填海工程有时会造成水质污染和地面沉降。为了减轻对环境的影响，东京湾建造了人工海滩以恢复和维持沿海生态系统，并为人们提供可以放松娱乐的区域。人工海岸线和填海造陆等方案一方面为东

京湾创造了许多优良港口，为该地区外向型经济的发展提供了支撑，另一方面也在某种程度上解决了土地的供需矛盾。

二、应对城市规模不断扩大：密集高效的公共交通网络

长期以来，东京都市圈一直是全球范围内规模最大的都市区之一，拥有复杂、密集且运输流量高的铁道运输系统和通勤车站群。作为日本的首都和国家的政治、工业和经济中心，东京需要演变成区域范围内不断延伸的大城市模式，因此需要高效、密集以及分布广泛的交通网络来为居民的日常活动以及郊区到市中心的上下班通勤提供便利。东京都市圈的公共交通极为发达，私人交通的需求极为有限，这有助于解决城市的堵塞问题，使生产生活更为便利高效。东京都市圈交通最具特色之处在于它的主要交通工具，汽车并非主要的出行方式，城市里分层的高速公路、地铁和铁路网络系统是更为重要的交通手段。这一网络覆盖了城市的绝大多数关键节点，这也使得东京都市圈的私人铁路公司有利可图，在政府的有限补贴之下将公司利润和社会效益有机结合起来，使东京得以实现令人羡慕的公共交通使用率，并使汽车成为东京人生活方式的选择而不是生活必需品。除了城市内部的铁路系统外，城市市区和郊区之间由发车频率高且时间精确的高铁相连，给难以负担市区购房的高额成本而不得不选择居住在郊区的人群提供了极大的便利。

三、高人口密度城市的选择：安全的高层建筑和紧凑生态区相互交错

东京是全世界人口规模最为庞大的城市之一，也是整个日本人口密度最高的地区，这一方面决定了东京的土地资源必须得到合理利用，同时也要求东京必须预留一定的生态区以应对气候变化，打造宜居城市。除了上述高容量、高弹性、高效率的公共交通网络系统，处于地震带、自然灾害多发区以及沿海地区的东京湾区还必须要有足够安全的摩天大楼和紧凑的生态区。在城市环境保护方面，受到二战后英国大伦敦规划实践的影响，日本首次发布的“首都整备计划”明确提出在建成区以外建设环状绿带，来控制建成区日益膨胀的规模，并提出在绿带外侧建设卫星城市等。然而，该计划实际上并不符合东京城市的实际状况，于是政府在1966年又发布了《首都圈近郊绿地保全法》，不再使用修建统一的环状绿带的方案，转而采用了现有的绿地分散布局的形式。地理学家Cotton Mather认识到日本城市景观的某些特殊性，并将其归类为5个主要特征：闲置土地稀少、紧凑、交错、细致的组织、完美无瑕。这也是受到日本面积小、岛屿错落分布、平原少、多山的影响，日本必须谨慎地管理城市环境中的可用空间，伴随着高标准的经济活动，形成了东京都市圈高层建筑和紧凑的生态区相互交织的形态。

从日本东京湾区城市形态中，我们可以发现，城市的发展形态需要与该地地形、人口状况以及经济活动状况等各方面相适应，城市发展的动力以及趋势很难通过立法、规划以及行政命令等手段强行改变。在对城市进行规划时，必须对城市的基础条件、自身的发展趋势有较为充分的认识，通过相关配套的基础设施、制度以及服务优化城市空间利用，解决城市存在的问题。

资料来源：KUMAKIY，KOARAIM，NAKANOT. Land transformation in Tokyo and its surrounding regions [N]. Chigaku Zasshi ，2013，122 (6)：992 - 1009；韩昊英 . 东京城市规划的教训值得北京借鉴 [OL]. 纽约时报中文网，2013；MURPHY N. Tokyo Bay and the economics of floating cities [OL]. (2016). http：//www. noel-murphy. com/.

◎ 大湾区独享“一国两制”优势，香港高端人才助推开放创新

珠三角在建立之初就拥有经济体制改革先行先试的政策优势，粤港澳大湾区则是将珠三角城市群与港澳两个特别行政区合为一个整体，独享了“一国两制”的优势。粤港澳大湾区不仅可以利用香港作为特别行政区与国际金融中心的特殊地位对接国际资本从而获得先发优势，还可以获得政策创新先行先试的机会，并通过合作来促进内地与港澳在财税体系、相关法律

及行业标准上的融合。可以说，粤港澳大湾区可凭借“一国两制”的优势获得在新一轮改革开放中的领跑机会。

作为最早的人民币离岸中心，香港可以在“海上丝绸之路”的建设中发挥其国际金融中心的优势地位，同时扮演粤港澳大湾区在新一轮对外开放中的“超级联络人”角色。香港可以利用与国际接轨的各项标准与制度体系来帮助海外产业更好地投资内地，同时可以帮助内地企业更加顺利地走出去。可以预期的是，无论在对外投资还是管理体系上，粤港澳大湾区都可能率先对标国际。同时，粤港澳大湾区在“腾笼换鸟”与“凤凰涅槃”后创新产业的集聚不仅增加了经济发展潜力与社会活力，也将加快对标国际的进程。

除了“一国两制”政策优势与毗邻港澳的地理条件外，珠三角还凭借与港澳文化环境相近的优势而拥有引入港澳人才的便利性，同时广深地区的先进制造业集群也将增大珠三角对港人的吸引力。香港在国际金融与法律上拥有大量人才，香港的众多著名大学也可以给粤港澳大湾区提供优秀的科研管理人才。在当前扩大开放与产业升级愈加紧迫的背景下，香港高端人才的引入或将显著提高粤港澳大湾区的人力资本，这也将给粤港澳大湾区的扩大开放、产业升级与创新发展提供持久助推力。

经济环境：出口数据亮眼，金融高校优势显著

粤港澳大湾区在全国的经济分量较重，在出口领域优势显著。在结构性去杠杆的环境下，粤港澳大湾区受益于广东省健康的财政与较强的债务偿还能力，可以在发展中轻装上阵。核心城市除了港澳两大特别行政区外，广州、深圳与佛山各具特色，其中广州与深圳的竞争力强于佛山。经济、消费规模与科研院所方面，广州占优；人均产值、出口、财政、科技研发等领域，深圳领先；佛山的优势则在于其较高的产业研发投入与较低的房价水平。

◎ 粤港澳大湾区经济分量重，广东珠三角出口数据亮眼

考虑到数据的可得性与可比性，我们使用 2017 年的经济数据进行分析。粤港澳大湾区的 GDP、消费总额、工业增加值等指标占全国的比重均超过 11%，说明粤港澳大湾区在全国的经济分量较重。粤港澳大湾区出口表现亮眼，其出口金额占全国比重超过 30%，大大高于其 GDP 占比。这一方面得益于其绝佳的地理位置与世界级港口群，另一方面受香港、澳门的转口贸易影响较大：部分产品从内地运到港澳时，已计入出口

额，从香港再转出至第三方，再次计入出口额，存在虚增出口额的情况。尽管如此，珠三角出口额占全国比重高于20%，远超其GDP权重，仍然能够显示出世界级港口群与沿海地理位置给粤港澳大湾区带来的出口优势。同时，财政收入上，粤港澳与珠三角占比均处于4%～8%，显著低于GDP权重，这与国有资本在粤港澳大湾区占比较低，民营资本较为活跃的事实相符。

将目光转移到珠三角与广东省，可以看出2017年珠三角GDP约为全国的8.8%，广东省占比为10.4%，广东省GDP绝大多数来源于珠三角；珠三角出口占比为20%，整个广东省占比为22.2%，均大幅高于其GDP权重，说明了广东省出口产品大多来源于珠三角的同时，也显示出广东省与珠三角在我国对外贸易上的重要地位。另外，广东省消费占比为9.5%，工业增加值占比为13.7%，财政收入占比为6.3%（见表2-1）。虽然广东省在大多数经济指标上落后于粤港澳大湾区，但工业增加值占比高于粤港澳大湾区。这也是广东省除珠三角以外地区相对落后且承接了珠三角部分制造产业的结果。从数据上还可以看出广东省其他地区与珠三角差距明显，更多扮演的是承接珠三角淘汰产能的角色，与珠三角的协同效应尚不明显。

表 2-1 粤港澳大湾区、珠三角及广东省经济指标对比（2017年）

经济指标	全国（含港澳）	粤港澳		珠三角		广东省	
		规模	占比（%）	规模	占比（%）	规模	占比（%）
GDP（亿元）	858 483	102 158	11.9	75 710	8.8	89 705	10.4
工业增加值（亿元）	276 802	31 269	11.3	29 587	10.7	38 008	13.7
消费（亿元）	475 388	54 459	11.5	35 589	7.5	45 129	9.5
出口（亿美元）	28 057	8 803	31.4	5 780	20.6	6 229	22.2
财政收入（亿元）	179 019	13 907	7.8	7 456	4.2	11 315	6.3

资料来源：Wind，平安证券研究所.

◎ 广东省债务偿还能力居前列，大湾区高校及交易所占比高

考虑到粤、港、澳三地财政体系独立且制度相异，在关注政府负债率时，我们仅考虑广东省的债务状况。从一般债务余额规模来看，广东负债规模较大，排在江苏、山东等之后，位居全国第四。但若从债务压力与偿还能力角度看，广东在一般债务余额占GDP比重与财政债务率两个指标上均处于全国靠后位置，分列倒数第三和倒数第五，显示出广东在债务偿还能力上显著高于全国平均水平。

高等院校与科研院所方面，在《泰晤士高等教育》（THE）

2020 年的亚洲大学百强榜单上，粤港澳大湾区高校数占内地与港澳总和的比重达 29.0%，其中香港有着明显的优势，亚洲前十高校独占 3 所，但这并不意味着广东省科研教育资源的匮乏。据教育部网站的数据，广东省拥有 67 所本科高校、87 所专科高校、7 所独立高校与 50 所民办高校。其中，中山大学与华南理工大学两所高校进入世界一流大学建设高校名单，另外还有暨南大学、华南师范大学和广州中医药大学三所高校进入世界一流学科建设高校名单。广东省世界一流大学建设高校占全国比重为 4.8%，世界一流学科建设高校占比为 3.2%。尽管广东省科研院所远不及香港，但世界一流大学建设高校数仅低于北京、上海、陕西与湖南，世界一流学科建设高校数也高于大多数省份。在专利申请量上，广东获得了全国 19.2%的授权数量；具体到发明专利，广东获得的授权数占比达 13.2%。

值得一提的是，粤港澳还拥有港交所、深交所两大证券交易所，上市公司数占港沪深三大交易所总和的 74.7%，总市值占三大交易所之和的 63.5%。深港两大交易所及发达的金融业不仅能够使得粤港澳大湾区在引入海外资本方面占据先机，还能够给企业带来投融资的便利。

房价方面，2018 年广东省住宅销售均价为 1.29 万元/平方米，同比增长 13.2%，但仍远远低于香港与澳门 10 万元/平方米左右的价格。广东九市中，深圳房价最高，广州房价位居次席，珠海、东莞、佛山分列 3～5 位，肇庆与江门房价尚未突破万元大关。

从整体看，广东省较强的偿债能力将减轻结构化去杠杆下粤港澳大湾区的压力，发达的金融业与强大的科创能力将助力粤港澳大湾区的创新发展。广东整体房价虽不低，但最高的深圳房价也远低于港澳，珠三角对香港高端人才仍有吸引力。

◎ 深广佛房价依次递减，深圳多领域存在明显优势

在粤港澳大湾区中，除了香港、澳门两个特别行政区外，广州、深圳、佛山作为大湾区的另外三个核心城市，值得我们进行对比研究。

从经济规模看，广深两地相当，佛山最末；但深圳在人均产值上稍高于广州。深圳的工业增加值最高，广州稍高于佛山。广州领跑最终消费支出，深圳最终消费支出高于佛山。出口与财政收入规模方面，深圳遥遥领先，广州强于佛山。广州虽然债务余额最高，但债务率低于佛山；深圳的债务余额与债务率均最低，可见深圳在三者中财政最健康。广东省重点高校基本都聚集在广州，深圳拥有清华、北大与哈工大的研究生院，佛山在高校方面垫底。但在研发投入占 GDP 比重上，佛山虽显著低于深圳，但稍高于广州；深圳还拥有内地两大交易所之一的深交所。房价上，深圳、广州、佛山梯度明显，依次递减（部

分数据见表 2-2)。

从整体看，广州与深圳的竞争力强于佛山。其中，广州的优势在于经济、消费规模与科研院所上，深圳在人均产值、出口、财政、科技研发等领域均有明显优势，佛山的优势则在于其较高的产业研发投入与较低的房价水平。

表 2-2　　广州、深圳、佛山三地经济指标对比

经济指标	广州	深圳	佛山
GDP（万亿元）	2.29	2.42	0.99
人均 GDP（万元）	15.55	18.96	12.77
工业增加值（亿元）	5 621.73	9 254.00	5 403.00
最终消费支出（亿元）	10 989.00	9 662.78	3 843.88
出口额（亿美元）	848.50	2 643.35	535.60
房价（元/平方米）	26 587	54 562	13 119
财政收入（亿元）	1 634.22	3 538.44	703.14
债务余额（亿元）	2 403.8	145.9	1 263.01
债务率（%）	1.47	0.04	1.80
研发投入占 GDP 比重（%）	2.50	4.13	2.70

注：最终消费支出、研发占 GDP 比重为 2017 年数据，房价为 2020 年 3 月数据，其余为 2018 年数据。

资料来源：Wind，平安证券研究所.

国际经验：三大湾区各具特色，粤港澳模式或为“金融+创新”

粤港澳大湾区的目标是成为国际一线湾区。尽管全球存在众多湾区，但在规模上能够与粤港澳大湾区相当的仅有美国东海岸的纽约湾区、美国西海岸的旧金山湾区和日本的东京湾区。三大湾区分别以金融医药、科技研发、工业制造为核心竞争力，粤港澳大湾区在成长为国际一线湾区的过程中，需要加强金融与科技的融合，使“金融＋创新”成为核心竞争力。

◎ 纽约湾区——金融服务造就全球金融中心华尔街

纽约湾区是以纽约为核心的覆盖纽约、波士顿、华盛顿、费城和巴尔的摩五大都市与四十多个中小城市的拥有广阔海面水域的区域，陆地面积达 6.5 万平方公里，建成面积为 1.5 万平方公里。纽约湾区位于哈德逊河入海口，湾内水域面积宽阔，海岸线长达 1 600 千米，平均水深 30 米，有着世界级深水港的天然条件，其中的纽约港和新泽西港也是美国吞吐量最大的港口。纽约湾区能够与内陆的五大湖区通过仅次于京杭大运河的全球第二长运河——伊利运河相连，这也使得纽约的辐射能力得到进一步提升。交通方面，纽约湾区拥有州际公路、美国国道、州级公路构成的辐射状公路网，纽约都市区内有 IRT、BMT 和 IND 三个系统构成的地铁网，湾区内有大都会北方铁路和长岛铁路构成的通勤铁路和城际铁路。另外，纽约湾区还拥有曼哈顿、布鲁克林、皇后区等 11 个港区与肯尼迪国际机场、纽瓦克自由国际机场和拉瓜迪亚机场。

按 2016 年数据，纽约湾区拥有 2 368.9 万人，其中纽约市人口数为 853.7 万，人口密度最高的是纽约的曼哈顿岛，密度达到 2.58 万人/平方公里，由此向外扩散，人口密度递减。整个纽约湾区 2017 年 GDP 总量 1.72 万亿美元，人均 GDP 达到 7.26 万美元。纽约湾区拥有哥伦比亚大学、康奈尔大学、耶鲁大学、普林斯顿大学及纽约大学等众多全球著名高校，为该地区的发展提供了强大的人才支撑。

纽约湾区最负盛名的当属全球金融中心华尔街，坐落于纽约曼哈顿的华尔街金融区拥有超过三千家金融机构，其中不乏纽约联邦储备银行、纽约证券交易所、纳斯达克、美国证券交易所、纽约期货交易所等著名机构。华尔街也成为美国资本与金融界的代名词。

除了金融行业享誉全球外，纽约湾区的波士顿是全球的生物医药研发中心，拥有近千家生物科技公司，大型制药公司与小型初创企业之间形成了完整的生物医药生态系统。百健等著名生物医药公司则是波士顿生物医药企业的代表。波士顿拥有哈佛医学院、哈佛商学院等著名学院，麻省理工大学与哈佛大学均位于查尔斯河对岸的剑桥，为波士顿的发展提供了高端人才。

◎ 旧金山湾区——硅谷的科技研发成就享誉世界

旧金山湾区属于美国的加利福尼亚州，包括旧金山、圣马特奥、圣克拉拉、阿拉梅达、康特拉科斯塔、索拉诺、纳帕、索诺马、马林 9 个地区，陆地面积达 2.9 万平方公里，建成面积为 0.4 万平方公里。旧金山湾区位于萨克拉门托河下游出海口的旧金山湾周边，湾内水域宽且深，有着天然良港条件。湾内的旧金山港位列“世界三大天然良港”之一，另外湾内还有奥克兰港。旧金山湾区的海岸被群山环绕，通过萨克拉门托河和圣华金河与加州广阔的腹地相连，扩大了旧金山湾区的辐射范围。交通方面，旧金山湾区的公路是环湾状的，将旧金山、奥克兰、圣何塞连接起来；铁路分为连接半岛和东岸的捷运系统与连接各个城市的半岛通勤列车。湾区内除了拥有旧金山港、奥克兰港外，还有旧金山、奥克兰、圣何塞三大国际机场和索诺马县地区机场。

按 2016 年数据，旧金山湾区拥有 764.9 万人，其中旧金山市人口数为 86.7 万、圣何塞市人口为 100.1 万、奥克兰市人口为 42.1 万，整体地广人稀。人口密度最高的是旧金山、圣何塞与奥克兰三市。整个旧金山湾区 2017 年 GDP 总量达到 8 375 亿美元，人均 GDP 超过 9.6 万美元。旧金山湾区拥有斯坦福大学、加州大学伯克利分校、圣何塞州立大学、旧金山州立大学及旧金山大学等全球著名高校，为该地区的发展提供了强大的人才支撑。

旧金山湾区最著名的当属全球创新中心硅谷，硅谷位于旧金山湾区南部，拥有优美的自然气候条件。包括苹果、谷歌、

Facebook、甲骨文、英特尔、特斯拉、AMD 等巨头在内的众多科技企业云集，造就了全球创新中心硅谷。以斯坦福大学、加州大学伯克利分校为代表的著名高校则提供了科研人才支持。

◎ 东京湾区——工业制造铸就全球 GDP 最大湾区之一

东京湾区位于日本东南海岸，包括东京都、神奈川县、埼玉县、千叶县（这里的“县”类似于我国的“省”），分布着埼玉市、千叶市、川崎市、横滨市、相模市、八王子市六个政令指定都市（类似于我国的经济特区），陆地面积为 1.34 万平方公里，建成面积为 0.5 万平方公里。东京湾区开口狭窄，水域面积广阔，具备天然良港条件。湾内拥有相互连接的横滨港、东京港、千叶港、川崎港、木更津港、横须贺港六个港口，形成了马蹄形的世界级港口群，年吞吐量超过 5 亿吨。东京湾区河流众多且陆地平坦，拥有天然良好的辐射条件。交通方面，东京湾区的公路是明显的网状分布，其中西海岸较东海岸更密集，是由高速公路、一般国道、都道府县道构成的系统；铁路分为国有高铁城际网及私营的普通铁路网。湾区内除了拥有世界级港口群外，还有东京成田、羽田两大国际机场。

按 2016 年数据，东京湾区拥有 3 629.4 万人，主要集中于海岸线形成的圈状地带。若以东京都为中心，可将东京湾区分为核心区、近郊区和远郊区，人口密度依次递减。其中核心区人口密度达 1.4 万人/平方公里。整个东京湾区 2014 年 GDP 总量就达到 1.5 万亿美元，人均 GDP 超过 4.2 万美元。东京湾区拥有东京大学、早稻田大学、庆应义塾大学等高水平大学，为东京湾区的发展提供了人才支撑。

东京湾区最著名的是其强大的工业制造能力。东京出于产业升级需要，在发展过程中逐渐将重化工业转移至横滨、千叶等周边区域，形成了京滨、京叶两大产业集聚带。东京湾区集中了日本的汽车、钢铁、石油化工、精密制造、电子、印刷等众多产业，贡献了全国 40%的工业产值与 26%的 GDP。全球著名的日产汽车、丰田汽车、新日本制铁、索尼、佳能、日本电气、软银、资生堂等跨国企业总部均坐落于此。同时，东京湾还汇聚了微软、华为等世界著名企业的研发中心。

值得注意的是，东京湾区近年来经济增长疲软，可能与其以工业制造业为主的产业结构有关。另外，东京湾区发展过程中污染排放带来的众多问题也值得警惕。

◎ 粤港澳大湾区规模领先三大湾区，人均 GDP 较低，需促进“金融＋创新”

从占地面积、建成面积、总人口、港口吞吐量、集装箱吞吐量、机场客/货运量等规模指标看，粤港澳大湾区并不逊色于三大湾区的平均水平，甚至在某些指标上还处于领先地位（见表 2－3）。经济规模上，粤港澳大湾区已超过旧金山湾区，紧追纽约湾区与东京湾区。但是在人均GDP上，粤港澳大湾区还远远落后于三大湾区。另外，粤港澳大湾区的人均GDP增速与纽约湾区相当，仍低于旧金山湾区。可以发现，三大湾区在人均GDP上有所分化，以科技创新为代表的旧金山湾区人均GDP遥遥领先，以金融服务与生物医药为特色的纽约湾区位列第二，主攻工业制造的东京湾区排在第三，三者差距有走扩的趋势。可见科技创新与金融在增长潜力上远大于工业制造。

粤港澳湾区与三大湾区相比缺乏明显特色。考虑到粤港澳大湾区拥有良好的基础设施与高端人才来源，且已形成科创企业集聚，加上拥有港交所与深交所两大交易所，金融与科技创新的融合或将是粤港澳大湾区未来发展的主要方向。这不仅会给粤港澳大湾区提供持续的增长潜力，还有助于维护优美的自然环境。科技创新需要高端人才与设备，但同样也离不开风险投资，粤港澳大湾区金融与创新融合发展将成为其区别于全球其他湾区的重要特征。

表2-3　　粤港澳大湾区与三大湾区港口、机场对比

	粤港澳大湾区	纽约湾区	旧金山湾区	东京湾区
港口吞吐量（亿吨）	9.2	1.6	0.3	3.7
集装箱吞吐量（百万标准箱）	62	6.3	2	6.9
机场货运量（万吨）	728	280	210	360
机场客运量（亿人次）	17.5	7	4	12

资料来源：广东省城乡规划设计研究院，平安证券研究所.

投资机会：加强三地融合发展，产业投资聚焦新经济

◎ 粤港澳资源具有强互补性，加快融合助推大湾区发展

不管是在法律地位与经济体制上，还是在资源禀赋上，粤港澳都有着很强的互补性。香港、澳门拥有特别行政区的法律地位，其市场经济体制与相关制度运行体系相对更加成熟；香港作为国际金融中心，还拥有规模可观的著名大学与金融管理人才；珠三角则拥有广大的腹地、创新产业集群与较大的增长潜力。同时，粤港澳大湾区的地理条件优越，世界级港口群、国际机场的规模与吞吐量/运量均超过全球三大湾区。在以港珠澳大桥为代表的一系列基础设施建成后，粤港澳融合发展的基础更加牢固，加强融合也有利于整个粤港澳大湾区发展为国际一线湾区。

目前粤港澳融合面临的问题主要是三者的法律、税收、财政等体系有较大差别，另外三者在此前的规划与发展中并未进行科学统筹，发展缺乏协同性，也就没有充分促进香港的金融优势与广深的创新能力相融合。未来在粤港澳大湾区的统一规划下，三者的融合有着绝佳的机遇，先行先试的政策优势可能再次降临珠三角，助力珠三角在各项制度体系上对标港澳，加

速瓦解那些横亘在三者之间影响粤港澳融合发展的制度差异；同时，统一的规划将充分考虑到香港作为国际金融中心与广深作为全国创新产业集群中心的特征，通过加强人才、资金与技术专利的流动来充分释放金融与创新融合对经济的推动力量。在这个过程中，粤港澳大湾区的世界级港口群将起到关键的推动作用，广东省较为健康的财政状况也将显著减轻结构性去杠杆背景下粤港澳融合面临的资金压力。另外，粤港澳的合作还将起到助推港澳融入国家发展大局的作用，也将引领新一轮改革开放进而助力粤港澳大湾区成长为与纽约湾、旧金山湾、东京湾三大湾区并列的国际一线湾区。

◎ 广州、中山、佛山有房地产投资机会，产业投资需挖掘新经济领域

在粤港澳大湾区发展的过程中，金融创新融合将发挥至关重要的作用，而这也将是未来粤港澳大湾区的关键特征。考虑到香港与深圳均有证券交易所、金融优势显著，港澳拥有特殊的法律地位与成熟的市场体系，同时深圳与广州拥有创新产业集群的先发优势，香港、澳门、深圳、广州将成为未来粤港澳大湾区建设的核心，佛山、珠海、东莞、中山将成为规模较小的区域核心城市，惠州、肇庆、江门将成为有特色产业的大中城市。

从房价上看，香港、澳门、深圳、广州房价呈明显的递减梯度；珠海、东莞、佛山、中山房价也是依次递减；江门与肇庆房价则相当，均低于惠州房价。从未来城市发展空间看，粤港澳大湾区的广州、中山、佛山、江门与肇庆或将有不错的房地产投资机会。

从产业发展方向上看，粤港澳大湾区未来的发展将主要依靠创新与金融的融合。在全球货币政策正常化启动与国内结构性去杠杆的大背景下，近期制造业企业陆续曝光违约的案例正在增加，部分重资产高负债公司可能面临较大的投资风险。综合判断，人工智能、大数据、集成电路、云计算、新能源汽车、新能源、生物医药等新经济领域或将诞生未来的科技巨头，珠三角上述产业的发展也将显著受益于未来粤港澳大湾区的融合发展。

第三章

转型期长三角：区域均衡、联系紧密，创新、开放双箭齐发

长三角城市群整体的经济发展水平目前位居全国前列，区域内城市之间的结构发展相对均衡，动态联系也较为紧密，与国内的珠三角和京津冀两大城市群相比，在众多领域都具备明显优势。长三角城市群在创新与高科技发展方面的战略定位明确，政府发展规划为长三角的新兴产业战略指出了清晰的方向。结合长三角区域基建完善、交通便利、资本和人才积累雄厚等资源禀赋特征，长三角与新经济的碰撞值得重点期待，有望造就未来经济发展的新增长极。

本章对长三角城市群进行详细的全方位透视，一方面针对当前的政策导向，力图挖掘相关的资本市场投资机会；另一方面梳理长三角地区主要城市的人口流入、区域经济的发展等因素，评估长三角楼市的投资价值。

历史背景：三阶段发展铸就世界级城市群

长三角区域经济一体化的进程大致分为三个发展阶段。

第一阶段，上海经济区时期。20 世纪 80 年代，为了避免行政划分对产业分工与资源分配形成阻碍，中央提出进行“横向联合”与“区域经济协作”。在这一思想指导下，上海经济区正式成立。成立之初的上海经济区仅包括上海、苏州、无锡、杭州、嘉兴等十个城市，而后扩大到浙江、江苏和上海两省一市，再之后安徽、江西、福建也陆续加入。不过，上海经济区的常设机构仅仅是一个研究规划机构，其主要运作平台“上海经济区省（市）首脑会议”也只是一个协商性质的会议，并无实际的行政权力。因此，上海经济区并不具备超越地方行政壁垒进行资源配置的功能。

第二阶段，浦东开发开放时期。20 世纪 90 年代初，上海提出以浦东开发开放为突破口，加速上海改革开放步伐的战略思路，进而引发了以浦东开发开放为契机的长三角区域经济一体化的第二次浪潮。在这一时期，证券市场开放、金融体制改革在浦东首先推行，相关优惠政策在国际上掀起了上海外商投资热。不过，此时上海的改革开放对周边地区的溢出效应出现了明显差异：依靠市场获取资源比例较高的企业（如乡镇企业、私营企业）较为主动；而依靠组织获取资源比例较高的企业（如国有企业），态度则相对谨慎。

第三阶段，经济全球化时期。进入 21 世纪之后，中国的市场化程度大幅提高，资源要素的跨区域流动加快，产业链内企业地域分工的开展更是有力推动了区域经济一体化的进程。在这样的背景下，长三角区域各省市在制度协调方面也有长足的进步：沪、苏、浙两省一市主要领导人的互访制度，长三角主要城市市长会议，都在一定程度上承担了区域间的统筹协调功能。此外，长三角区域经济一体化在基础设施层面也表现突出，沪杭、杭宁、苏嘉等高速公路相继通车。

在区域经济和城市群发展的新时期，长三角开始被赋予新的使命。2010 年国务院批准实施《长江三角洲地区区域规划》，将长三角的范围明确划定为江浙沪三省市，并定位为亚太地区重要的国际门户、全球重要的现代服务业和先进制造业中心、具有较强国际竞争力的世界级城市群。2016 年《长江三角洲城市群发展规划》发布，将长三角城市群扩展到江浙沪皖四省市，提出培育更高水平的经济增长极，并致力于在 2030 年全面建成具有全球影响力的世界级城市群。2019 年 12 月 1 日，中共中央与国务院印发《长江三角洲区域一体化发展规划纲要》，明确了“一极三区一高地”（一极：全国发展强劲活跃增长极；三区：全国高质量发展样板区、率先基本实现现代化引领区、区域一体化发展示范区；一高地：新时代改革开放新高地）的战略定位，按照 2025 年和 2035 年两个时间节点设置了分阶段目标，以指导长三角地区当前和今后一个时期一体化发展。

经济环境：经济水平全国领先，区域均衡优势凸显

本节内容分为两部分，首先对长三角区域的整体情况进行基本介绍，从GDP规模、工业增长、教育科研资源等多个角度对长三角进行观察，总结其在全国范围内的经济实力水平；其次对区域内部的静态发展梯度与动态联系情况进行梳理，分析其区域经济发展均衡的优势。

◎ 长三角扩容三省一市，经济实力独占鳌头

长三角城市群处于东亚地理中心和西太平洋的东亚航线要冲，是“一带一路”与长江经济带的重要交汇地带。长三角城市群的规划范围为上海市、江苏省、浙江省、安徽省，包括上海市，江苏省的南京、无锡、常州、苏州、南通、盐城、扬州、镇江、泰州，浙江省的杭州、宁波、嘉兴、湖州、绍兴、金华、舟山、台州，安徽省的合肥、芜湖、马鞍山、铜陵、安庆、滁州、池州、宣城，共26市。长三角区域面积21.17万平方公里，占全国国土面积的2.2％，但人口与GDP产值占比却高达11.0％与20.0％。考虑到三省一市（上海、江苏、浙江、安徽）上述两个指标在全国占比分别为16.1％与23.6％，长三角区域可谓将三省一市的繁荣地区尽收囊中。

根据2017年《长三角年鉴》的统计数据，长三角地区在多方面的实力都居于全国领先水平。其一，人民生活水平高，区域内人均GDP达108 225元，远超59 660元的全国平均水平；其二，城镇分布密度达每万平方公里80多个，是全国平均水平的4倍左右；其三，国际化程度高，进出口水平在全国占比32%，而上海更是依托自贸区优势占据了全国12%的进出口份额；其四，科教与创新资源丰富，拥有国家工程研究中心和工程实验室等创新平台近300家，年研发经费支出和有效发明专利数均约占全国的30%。

美国航天航空局（NASA）地球“夜灯”图像可以直观反映城市发展水平与人口聚集程度。从2016年的情况来看，长三角与珠三角地区明显大面积高亮，核心城市对周边省市的外溢效应较强；而京津冀地区的灯光则明显聚集在北京、天津两市，区域性的联动发展相对较差。

◎ 强大实力源自整体，区域均衡优势显著

1. 区域内的静态结构

城市群的发展过程中存在这样一个较为普遍的GDP经验规律：第一大城市GDP/第K大城市GDP＝K。以这个标准对城市群的区域内静态结构进行度量，若第一大城市GDP/第K大城市GDP＜K，则该城市群的周边城市与中心城市梯度差异较小，

经济结构相对均衡；反之则表明城市群经济梯度差异较大。用上述指标观察我国长三角、珠三角、京津冀三大城市群的状况：长三角城市群（包含 26 个城市）基本位于标准线下方，仅安徽省内三个小城（宣城、铜陵、池州）的倍数比值大于 K，城市群内梯度差异较小；珠三角和京津冀城市群之间的经济梯度差异明显高于长三角，其中珠三角从第 5 大城市开始高于标准线，京津冀仅北京、天津两市位于标准线下，其余城市均位于标准线之上。由此可见，从 GDP 角度考察区域间经济结构均衡性的结果是：长三角＞珠三角＞京津冀，且长三角城市间的均衡程度显著高于后两者。

参照 GDP 的经验，我们同样使用“第一大城市/第 K 大城市”的方法对三大城市群的人口和资本结构梯度进行度量，人口指标选取各城市常住人口，资本指标选取各城市存款规模。数据显示，人口结构均衡性方面，三大城市群之间的优劣并不显著；但资本结构均衡性方面，长三角的资本梯度差异比其余二者更小，但若仅比较前 5 大城市的资本结构梯度，长三角与珠三角的均衡性基本相当（见图 3－1）。

综合 GDP、人口、资本三维度可知，长三角城市群区域均衡性在三大城市群中表现最好，中心城市对周边城市的外溢效应明显。而京津冀城市群的区域均衡性明显较差，其中心城市对周边城市的虹吸作用可能强于外溢作用。

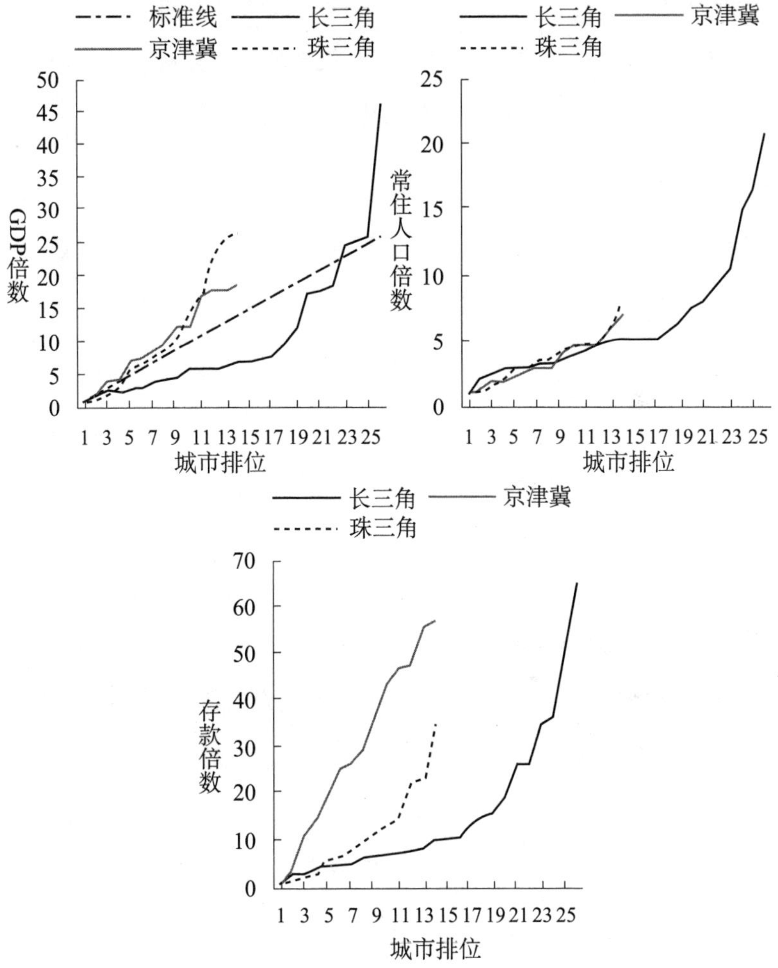

图 3-1　各城市群“第一大城市/第 K 大城市”指标倍数分布

资料来源：CEIC，平安证券研究所．

我们进一步从人均 GDP 的角度分析长三角城市的经济发展质量。2018 年的数据显示，区域内人均 GDP 处于前 1/4 的城市依次为：无锡、苏州、南京、常州、杭州、上海、宁波。上海作为长三角核心城市，人均GDP仅排名第六，这也从侧面显示了江浙地区较高的富饶程度以及过硬的经济发展质量。

2. 区域内的动态联系

我们利用滴滴平台与第一财经商业数据中心发布的《长三角城市智能出行大数据报告》（2016年4月）来分析长三角内部城市之间的动态联系情况。滴滴利用人群定位和出行的信息进行大数据分析，以“城市A打车出行的用户中来自城市B的人数”来定义城市A、B之间的连接程度，并据此计算出城市吸附指数。事实上，这个指标反映了在城市A频繁活动的人群中实际来自城市B的人数，能够很好地体现两个城市之间商业、生活联系的紧密性。

根据上述数据，长三角区域中城市吸附指数大于60的“区域网络中心”有三个：杭州、上海、南京；城市吸附指数在20～60区间的“次区域联络中心”则有七个：苏州、无锡、常州、绍兴、金华、宁波、嘉兴。反观京津冀城市群，其吸附指数大于60的“区域网络中心”仅有北京一座城市，吸附指数在20～60区间的“次区域联络中心”仅包括天津与石家庄两座城市。由此可见，长三角区域内各城市具有较好的区域动态联系，且相对于京津冀地区有显著优势。

此外，从报告中公布的城市网络连接示意图中可以看出，在上述度量方法下，与上海联系最为紧密的城市是杭州与苏州，南京次之，可见地理距离仍是城市间联系紧密程度的重要影响因素；杭州与绍兴、宁波、金华之间的联系较为紧密，但与同距离的苏州、无锡联系程度却相对较弱，可见城市之间的联系仍受到省级行政区域划分的割裂影响。

资源禀赋：基建完善、交通便利，资本、人才积累雄厚

◎ 都市圈交通网构建完善，基建优势助力经济发展

在经济快速增长的支撑下，长三角区域具有强大的基建优势。陆路运输领域，根据《长三角年鉴》，2015 年我国长三角区域铁路密度已经是全国整体铁路密度的近 4 倍，达 464 公里/万平方公里；长三角高速公路密度是全国整体水平的近 5 倍，达 639 公里/万平方公里。航空运输领域，上海浦东国际机场在吞吐量上仅次于北京首都国际机场，全国排名第二；而长三角区域共拥有 17 座机场，超过京津冀与珠三角地区之和。密集的机场群使得城市群对内、对外的联系都更加紧密。水路运输领域，在我国沿海五个港口群中，长三角港口群分布最密集，吞吐量最大，目前区域内已建有 9 个亿吨级大港。2017 年全球百强集装箱港口当中，长三角港口占据 4 席（上海港、宁波舟山

港、苏州港、南京港)，其中上海港与宁波舟山港分别位列第一与第四，上海港更是连续 8 年蝉联世界第一。可以说，长三角港口群对世界航运都有着举足轻重的影响。

此外，国家政策对都市圈交通网建设的大力推动进一步提升了城市群的内部基建优势：《“十三五”现代综合交通运输体系发展规划》提出“重要城市群核心城市间、核心城市与周边节点城市间要实现 1～2 小时通达”；《长江三角洲城市群发展规划》指出“加快打造都市圈交通网，提供同城化交通服务，推行不同客运方式客票一体联程和不同城市一卡互通”；《上海市城市总体规划（2017—2035 年)》（以下简称上海 2035 规划）表示要“推动近沪地区（90 分钟通勤范围）及周边同城化都市圈的协同发展”。事实上，当前上海同城化都市圈的发展已经有了很好的基础，上海与近沪地区主要城市基本已经实现了 2 小时通达，其与苏州、嘉兴两地的高铁通达时间只需 30 分钟，与无锡、杭州、常州的通行时间也可基本保持在一小时以内。

◎ 资本雄厚、龙头优势明显，上海金融中心地位显著

我们将三大城市群的产业实体、对外资的吸引能力、金融业发展进行横向对比，选取的指标分别为“上市公司数量占比”“吸引外企数量占比”“金融公司数量占比”。不过由于数据限制，我们仅在省级与直辖市的口径下进行粗略比较。数据显示，长三角地区的三省一市拥有上市公司数量占全国的比例达到

33.9%，吸引外企数量占比 34.7%，金融公司数量占比 29.9%，三个指标均占据全国三成左右的体量，且与珠三角广东省、京津冀一省两市相比具有明显优势。

另外，长三角核心城市上海在吸引外资和金融业方面优势显著，其外企数量占比和金融公司数量占比分别为 15.7%和 20.9%，大幅超出北京的 6.0%和 15.4%；而在金融业当中，上海基金公司数量占比和期货公司数量占比上明显处于领军地位，其中基金公司占比超全国三成，期货公司占比也高达 23.1%（见表 3-1）。

表 3-1　三大城市群所处地区外资企业以及国内上市公司、金融公司数量占比

单位：%

	上海	江苏	浙江	安徽	北京	天津	河北	广东（珠三角）	长三角三省一市*	京津冀一省二市
上市公司数量占比	7.9	11.1	12.0	2.9	8.8	1.4	1.6	16.4	33.9	11.8
外企数量占比	15.7	11.1	6.8	1.1	6.0	2.6	1.4	23.7	34.7	10.1
金融公司数量占比	20.9	3.6	4.3	1.1	15.4	1.8	0.5	17.2	29.9	17.7
证券公司数量占比	16.5	5.0	4.1	1.7	14.9	0.8	0.8	21.5	27.3	16.5
基金公司数量占比	36.4	0.0	1.1	0.0	17.4	0.6	0.0	16.3	37.5	18.0
期货公司数量占比	23.1	7.0	8.5	2.1	13.4	4.2	0.7	14.8	40.7	18.3

*长三角区域实际上仅包括上海、江苏、浙江、安徽三省一市的部分区域，但上文分析显示，长三角区域 GDP 在三省一市中占比高达 85%，因此直接使用三省一市的数据与其他两大城市群对比，并不会让结果出现过于明显的高估。

资料来源：Wind，平安证券研究所.

◎ 强大吸引力造就人才高地

上海和北京向来是国内最强高校的聚集地、高学历人群的孕育地，但由于一线城市持续的高房价、高生活成本和高落户门槛，以及二线城市纷纷开启的“抢人”政策助推，近年来国内人才流动特征发生了一些新变化。根据猎聘发布的《2019 上半年中高端人才就业现状大数据报告》，2018 年第二季度到 2019 年第二季度，全国中高端人才净流入率①排名最高的 20 个城市中，二线城市表现最为出彩，杭州、宁波两市中高端人才净流入率超过 8%，除此之外，合肥、嘉兴、常州、上海、无锡等几个长三角城市也依次上榜。长三角城市最终包揽榜单的 1/3 席位（见图 3－2）。

除了受益于近一年国内一、二线城市人才吸引力转变之外，长三角城市群还在大力引进国际英才。《长江三角洲城市群发展规划》指出，要“建立紧缺国际人才清单和移民职业清单制度，重点招揽最有价值的科技、投资、营销、创意等人才。建立海外高层次人才储备库和留学回国人员数据库，定期发布紧缺人才需求报告，拓宽国际人才招揽渠道。在制定外籍高层次人才认定标准基础上，全面放开科技创新创业人才、一线科研骨干、

① 人才净流入率＝该地区人才净流入人数/该地区人才流动总人数×100%。

紧缺急需专业人才的永久居留政策，放宽其他国际人才长期居留许可的申请条件。放宽紧缺领域国际移民的准入限制，在上海率先探索放宽特殊人才国籍管理”。“放眼全球、接轨世界、深化开放”是长三角规划的主旋律，上海2035规划中明确提出的总目标也是“全球城市”。在长三角城市群引领对外开放的政策推动下，国际英才的流入将进一步提升长三角城市群的人才资源优势。

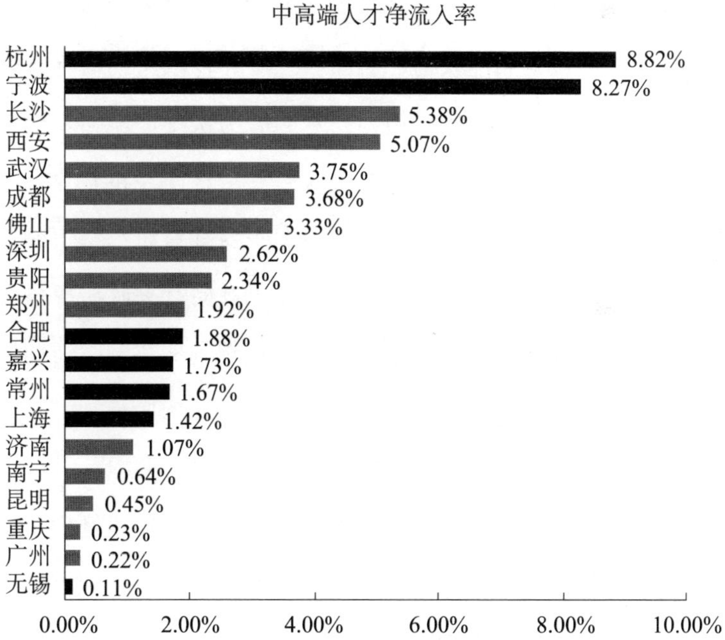

图3-2　2018年第二季度至2019年第二季度全国中高端人才净流入率排名前二十的城市榜单

注：深色为长三角区域内城市。

资料来源：猎聘大数据研究院，平安证券研究所.

国际经验：科技推动跳跃发展，创新、开放互促互进

◎ 国际经验展现科技推动的核心作用

1. 城市群规划的思路演进与重要关注点——以纽约城市群为例

纽约城市群（又称纽约都市圈）是世界著名的大城市群之一。其地跨纽约、康涅狄格、新泽西三个州，以纽约市为核心城市，波士顿、费城、华盛顿和巴尔的摩为次中心城市，包括周边 26 个县。为了协调各州之间的关系，非官方和非营利组织——纽约区域规划协会成立。该组织主要针对纽约都市圈地区的发展，制定跨行政界线的综合规划，并向有关政府提供咨询服务，鼓励政府与私人组织合作以促进规划的实施。纽约区域规划协会曾先后三次编制了纽约大都市地区的区域规划，规划内容促使纽约城市群不断完善，具有较强的借鉴意义。

第一次规划是在 1921—1929 年，当时区域内城市规模与城市数量不断扩大，以纽约、费城两个特大城市为核心的发展轴形成，对周边城市的带动逐步增强。在这样的背景下，规划内容重点提出加强高速公路网建设以增强纽约城市群内部的交通连接，并提出要建立区域开发建设公司，为工业布局调整与卫

星城建设提供完整合理的城市设计。

第二次规划是在 1968 年，由于之前建设大交通网络的规划并没有得到很好的落实，纽约区域规划协会提出了重建大交通网络。与此同时，新规划提出建立新的城市中心，并应尽量提高老城区和衰败地区的公共服务水平，以吸引人口流入。此外，第二次规划开始关注环境问题，强调新的城市发展应当确保自然环境免受污染。

第三次规划是在 1999 年，纽约区域规划协会认为，尽管纽约在世界范围内实力依然雄厚，但是大萧条之后的半个世纪里经济增长放缓，纽约的国际金融中心地位正在面临挑战，同时还存在环境污染问题。对此，纽约区域规划协会开始推进“3E”计划［经济（economy）、环境（environment）、平等（equity）］，具体措施主要有：进一步健全中心城区与周边地区的交通联系，形成“区域速达”；加强对学校的财政投入，加强人才培养；建立 8 个永久性自然保护区以保持绿色生态等。

从纽约区域规划协会三次规划的重要内容上看，交通网络连接、工业产业布局、多中心的城市布局、经济发展与人才培养、环境是关注的焦点，而这也与我国目前城市群规划的思路与重点推进方向基本相符。

2. 从国际经验看科技创新与知识经济的重要性

从理论上看，区域经济一体化发展主要有两方面的优势：

一是集聚效应。人口、资本、产业、科研等要素的聚集能够加快推动经济发展——人口的聚集导致劳动力成本降低；资本的聚集导致企业融资成本降低；高校聚集带来的高素质人才和科研资源聚集将对科学进步产生巨大的推动作用，助力经济的跨越式发展；产业聚集带来激烈的市场竞争，能够倒逼企业加大研发投入，加快创新与产业升级。二是协同效应。各区域依托自身的比较优势进行产业分工，有助于实现资源利用和经济效益的最大化；此外，区域间的产业分工又能够进一步促进同类产业的聚集，放大集聚效应。

国际发展经验显示，对于包括纽约都市圈在内的世界其他主要都市圈而言，科技进步与知识经济是区域经济出现跨越式发展的重要推动力。科技创新带来产业结构的不断升级完善，由此形成的新兴产业在此后数十年成为该地区乃至整个国家的经济支柱。以纽约都市圈为例，其成长壮大在美国整体经济发展变迁的背景下，经历了工业革命、服务业转型、信息化浪潮三个重要发展阶段：

19 世纪中叶，工业革命在美国开始，纽约制造业顺应时代发展迅速壮大，纽约也成为美国第一大制造业中心。但 20 世纪 40 年代末，制造业开始走下坡路，并在 70 年代“滞胀”时期跌至低谷，纽约制造业出现大面积衰退。

20 世纪 80 年代，美国经济再度进入扩张期并向服务业转型。在里根经济学的指导下，美国政府政策转为放松产业政策管制、鼓励创新与新技术发展、打破垄断促进竞争，通信、金融等服务业部门直接受益于政策的放开而率先迅猛发展；同时，金融、工程服务、法律服务、开发研究等知识密集的高端服务业，也对高技术产业发展起到了极为重要的促进作用。这一时期，美国第二、三产业均呈现传统部门衰落、新兴部门蓬勃发展的特征，纽约也逐渐成为极具辐射力的服务业输出中心。

20 世纪 90 年代以来，以信息技术为主要推动力的克林顿“新经济”开始在美国蓬勃发展。波士顿作为纽约都市圈的科技中心，显著受益于信息化浪潮。其软件业、电子通信业、计算机制造业和生物技术等部门迅速兴起，成为这一地区的支柱产业。

可见，科技进步与知识经济是区域经济出现跨越式发展的重要推动力，而区域经济的集聚效应又进一步催化了创新技术的发展。在中国当前新时代发展的背景下，政府高度重视高端制造业、现代服务业的发展，而加快推动区域经济一体化将成为本轮科技和产业变革的重要手段。

◎ 创新与开放并重，新兴产业受瞩目

2016 年通过的《长江三角洲城市群发展规划》（以下简称《规划》）包含了以下几方面的内容：区域发展布局规划、创新驱动经济转型升级、健全基础设施网络、推动生态环境共治、

加大开放、建设创新一体化发展的体制机制。考虑到长三角地区的基建网络已然相对健全，未来该区域最值得期待的举措显然是政府对创新与开放的推动。

在创新方面，《规划》明确了新兴产业的发展方向是新一代信息技术、生物产业、高端装备制造、新材料、北斗产业、光伏产业。但需要指出的是，该《规划》于 2016 年出台，而当前政府对新兴产业的支持方向存在调整的可能性，我们将在下一节基于长三角的资源禀赋特征，来观察该区域与创新经济的碰撞。

在开放方面，《规划》表示未来将提升长三角地区的对外开放层次（扩大服务业开放等）、建设高标准开放平台（自贸区）、加速聚集国际英才、培育本土跨国公司，其中，建设自由贸易试验区并探索建立自贸港得到了快速推进。《全面深化中国（上海）自由贸易试验区改革开放方案》已于 2017 年 3 月印发并实施，旨在通过深化自贸试验区的改革开放，加快构建开放型经济新体制，在我国新一轮改革开放中发挥引领示范作用。上海自贸区方案中提及，要将开放和创新融为一体，要推进金融服务、电信、互联网、文化、文物、维修、航运服务等专业服务业和先进制造业领域对外开放。此外，值得参考的还有 2018 年 4 月发布的《关于支持海南全面深化改革开放的指导意见》，其中明确表示“海南自由贸易港建设要体现中国特色，不以转口贸易和加工制造为重点，而以发展旅游业、现代服务业和高新技术产业为主导，更加强调通过人的全面发展，充分激发发展活力和创造力，打造更高层次、更高水平的开放型经济”。

可见，当前我国进一步加快开放的举措服务于新时代的经济和产业结构转型，其根本目的是对高新技术产业与现代服务业的发展起到促进作用。创新与高科技产业的战略地位进一步凸显。

投资机会：产业投资需关注六大领域，上海及圈层核心城市房产价值凸显

根据上文分析，当前长三角地区“创新引领”的发展战略已然较为清晰。在新时代大力发展新经济、推动产业升级、鼓励科技创新的背景之下，长三角作为我国人才、资本、产业的重要聚集区，势必也将成为我国推进经济结构转型的主战场之一。本节我们将从资本、科研、产业集群的角度出发，进一步探究长三角在具体行业层面的资源禀赋特征，以发掘长三角地区可能对新经济产生催化的行业领域；除此之外，我们还将对上海、环沪等长三角地区的楼市投资机会进行分析。

◎ 六大领域受资本关注，长三角望领跑新经济

1. 长三角哪些行业正受到资本追捧

角度一：私募投资动向。新经济是以创新为导向的，其高

风险、高收益以及投资周期相对较长的特点与创业风险投资等私募产品的投资偏好高度契合。如表3-2所示，我们利用清科私募通数据库（包括PE/VC，私募资管产品等）对私募产品的资金流向进行分析，发现当前全国范围内受到资本热烈追捧的前10大行业依次是互联网、金融、电信及增值、信息技术、电子及光电设备、生物医疗、汽车、机械制造、能源及矿产、连锁及零售。

表3-2　私募资金和政府引导基金的投资流向

整体私募	全国		长三角		
	行业	投资额（亿元）	行业	投资额（亿元）	全国占比（%）
1	互联网	3 113	电信及增值	1 197	61
2	金融	2 153	互联网	875	28
3	电信及增值	1 977	金融	688	32
4	信息技术	1 650	生物医疗	659	46
5	电子及光电设备	1 584	汽车	507	36
6	生物医疗	1 430	机械制造	363	30
7	汽车	1 394	连锁及零售	333	36
8	机械制造	1 219	信息技术	324	20
9	能源及矿产	975	能源及矿产	238	24
10	连锁及零售	917	化工原料及加工	214	24

续前表

政府引导基金	全国		长三角		
	行业	投资额（亿元）	行业	投资额（亿元）	全国占比（%）
1	电子及光电设备	32	机械制造	13	43
2	机械制造	30	生物医疗	3	46
3	能源及矿产	30	化工原料及加工	3	23

资料来源：清科私募通数据库，平安证券研究所．

长三角区域热门行业分布与全国整体情况差异不大，排名靠前的是电信及增值、互联网、金融、生物医疗、汽车、机械制造、连锁及零售等。值得关注的是，在电信及增值业务、生物医疗这两大领域，长三角所获投资额在全国范围内占比明显相对较高，分别达 61％和 46％，可以看出，长三角是电信与生物医疗投资的热门集聚地。在其他热门行业，长三角企业所获融资额在全国占比多为 3 成左右，这些热门行业的地域布局相对更为平均。

角度二：政府的引导方向。目前，政府是我国产业升级、技术创新的重要推手，因而政府引导基金的投资流向特征值得重点关注。虽然政府引导基金目前规模尚小，但其资金流向能够反映政府意向，且未来还有规模扩张的可能。2017—2018 年全国范围内的政府引导基金投资行业前 3 名分别是电子及光电设备、机械制造、能源及矿产。长三角区域企业受政府引导基金着重投资的前三大行业是机械制造、生物医疗、化工原料及加工，从规模上看，主要集中在机械制造领域。

由此可见，与当前全国的热点一样，长三角同样在电信及增值、互联网、金融、生物医疗、汽车、机械制造、连锁及零售等领域重点布局。值得关注的结构性特征是，长三角是电信与生物医疗投资的热门集聚地（投资额在全国占比偏高），而机械制造业也得到了政府的大力布局，这三个领域未来的发展值得关注。

2. 长三角哪些行业可以得到更好的科研支持

角度一：中科院在长三角地区的布局。中科院在国内世界级科研机构中的地位可谓首屈一指。在基本科学指标数据库（ESI）全球科研机构（包括高校）排名中，中科院是唯一一家入选前100名的中国科研机构，代表着中国最精尖的研究力量。从授权专利数量、SCI论文数量和影响因子大于10的优秀论文数量上看，位于长三角区域的中科院科研院所在生物医疗、材料科学、电子通信等领域实力尤为突出，对应的重点科研机构为上海生命科学研究院、上海药物研究所、合肥物质科学研究院、上海有机化学研究所、上海硅酸盐研究所、上海微系统与信息技术研究所（见附表1）。

角度二：高校的精专领域分布。近年来长三角地区对人才的吸引力大幅提升，因此我们除了总结长三角地区高校的精专领域之外，也将清华、北大两所高校的精专领域纳入考量。根据QS世界大学专业排行榜前五十的信息，我国高校资源在电子电气工程和材料科学这两个领域能够为长三角新经济提供的支持最为雄厚：这两个专业进入世界排行前五十的国内大学数量最多（长三角区域大学进入榜单数量也较多），且我国清华大学这两个学科的世界排名都进入了前十。此外，高校资源在机械工程、航空和制造、化学工程、计算机科学与信息系统等领域也能为长三角新经济的发展提供较好的支持（见附表2）。

角度三：张江高科技园区的产业布局①。上海张江高科技园区自1992年成立以来，承载着打造世界级高科技园区的国家战略任务。截至2014年，园区拥有一万多家注册企业、599家经认定的高新技术企业、195家技术中心、126家外资研发机构、43家跨国公司地区总部，其在上海乃至全国高新技术研发方面的地位都不容小觑。在产业分布上，园区的主导产业以信息技术、生物医药、文化创意、低碳环保等为重点，第三产业占2/3以上。

● 信息技术产业：主要包括集成电路（芯片）、软件与信息服务、光电子、消费电子终端等，其中集成电路与软件两个领域的产业集群最为突出。软件行业聚集了大批国内外知名软件企业、研发机构，包括宝信软件、印度印孚瑟斯（Infosys）

① 数据信息来自张江科技园官方网站。

等，全球 30 强中有 8 家、中国 100 强中有 11 家在此设立了研发中心。集成电路产业形成了包括设计、制造、封装、测试、设备材料在内的完整产业链，产值约占全国的 1/3。中美贸易战以来关注度较高的芯片技术研发，张江可谓优势显著：芯片设计上，全球 10 强中有 5 家在张江设立总部、分部或科研机构，张江本土设计公司在部分零部件上的全球市场占有率也名列前茅；芯片制造上，张江高科技园区的技术工艺也在快速追赶全球最高水平。

● 生物医药产业：张江高科技园区形成了从新药研发、药物筛选、临床研究、中试放大、注册认证到量产上市的完备创新链。园区形成新药产品超过 230 个，新药证书超过 50 个，目前正在研发药物品种近 300 个。全球排名前十的制药企业中已有 7 家在此设立了研发中心（如罗氏、辉瑞、诺华），园区共聚集了相关科研机构和研发企业 400 余家、CRP 公司 40 余家。

● 文化创意产业：园区以数字出版、动漫影视、网络游戏以及创意设计领域为产业特色，集聚了盛大文学、炫动卡通、暴雪娱乐（Blizzard Entertainment）、美国艺电（Electronic Arts）、聚力传媒、沪江网、河马动画等一大批国内外优秀文化创意企业。张江文化产业园在 2008 年被国家新闻出版总署评为全国第一家国家级数字出版基地，在 2011 年被国家文化部评为国际级文化产业示范园区。

● 新能源新材料（低碳环保产业）：张江高科技园区重点发展智能电网、水处理、生物燃料、生物脱硫、节能环保设备研发及环保服务业务，林洋电子、益科博等企业迅速发展。

3. 长三角在哪些领域具有产业集聚

产业的高度聚集有利于相关领域的技术创新。我们从上市公司角度对长三角地区的产业结构进行分析。在所有的长三角上市公司中，上市公司个数占比居前的行业依次为机械设备、化工、汽车、电气设备、医药生物、电子、计算机，其中机械设备、化工、汽车、电气设备行业的上市公司个数在行业整体中的占比也明显居高，均超过40%，集聚效应相对明显。

区域产业集聚也使得市场竞争加剧，这将倒逼企业大规模的研发投资。数据显示，上述机械设备、化工、汽车、电气设备、医药生物、电子、计算机领域的长三角上市公司在研发支出方面明显居前，2017年研发支出规模均超百亿元，其中汽车、电子、计算机领域研发投入突出，研发支出累计超200亿元。

4. 阿里巴巴与新经济

作为长三角的巨头企业，阿里巴巴利用其企业优势所创造的产业生态可谓新经济的重要组成部分之一，其产业布局值得重点关注。阿里在 2017 年提出了“五新”战略：新零售、新制造、新金融、新能源、新技术。新零售是指通过线上线下的统一、中间批发分销代理商的消灭，使得阿里可以直接得到用户画像、用户行为跟踪、用户订单等重要数据；新制造是从 B2C 走向 C2B，根据市场、客户的数据进行大规模的智慧化、个性化定制，并逐步丰富具象化至人工智能、智能驾驶等领域；新金融是利用线上客户数据信息，为因信用数据缺失而未被传统金融机构较好覆盖的个人创业者、中小企业、年轻人提供金融支持；新能源是指数据这一核心资源；新技术则包括云计算、云网络、云存储等。综合阿里的“五新”战略，大数据可以说是其战略的核心：数据是能源，数据的计算是技术。这两个领域又先后引发新零售、新制造、新金融的变革，在此基础上又进一步对大数据进行完善丰富，提升大数据的内涵价值。

值得一提的是，阿里巴巴于 2017 年成立达摩院，计划在三年之内对新技术投资超过 1 000 亿元人民币，同时招揽众多科学家入驻。在研发领域，阿里达摩院聚焦于研究量子计算、机器学习、基础算法、网络安全、视觉计算、自然语言处理、人机自然交互、芯片技术、传感器技术、嵌入式系统等，涵盖机器智能、智联网、金融科技等多个产业领域。

5. 总结

虽然不同信息来源在具体行业划分上存有一定差异性，但直观上看，长三角的资源禀赋特征对新经济的催化将很可能主要发生在电子通信（集成电路）、互联网大数据（新零售、云计算等）、生物医疗、汽车、新材料、机械设备制造这六大领域。而这与长三角规划中提及的新兴产业发展方向基本一致：新一代信息技术、生物产业、高端装备制造、新材料、北斗产业（应用于通信与电子领域）、光伏产业（新能源）。

综合来看，长三角地区在我国各个方面的优势都非常显著，区域内部经济发展均衡，动态联系紧密，对外联系与金融发展水平居于全国之首，同时政策对于新兴产业发展的支持和进一步扩大开放的信号也是非常明确。未来长三角地区极有可能成为引领全国新经济发展的排头兵，进一步考虑到其资源禀赋特征在上述六大领域相对更为占优，其中隐含的投资机会值得重点关注（见表3-3）。

表3-3　　长三角与新经济的碰撞

观察角度		突出的领域
资金支持	私募整体	电信及增值、互联网、金融、生物医疗、汽车、机械制造、连锁及零售
	政府引导基金	机械制造
科研支持	中科院	生物医疗、材料科学、电子通信
	高校资源	电子电气工程、材料科学
	张江高科技园区	信息技术、生物医药、文化创意、新能源新材料

续前表

观察角度	突出的领域
产业集聚与研发投入	机械设备、化工、汽车、电气设备、生物医药、电子、计算机
阿里巴巴	互联网大数据相关（五新战略）

资料来源：平安证券研究所.

◎ 上海定位高、潜力大，各圈层核心城市价值提升

1. 上海市：定位进一步提高，城市价值凸显

从城市定位看，由中共中央、国务院印发的《长江三角洲区域一体化发展规划纲要》发布后，上海城市定位进一步提高，并被高规格政策文件所认可。第一，规划纲要明确提出：要“发挥上海龙头带动作用，苏浙皖各扬所长，加强区域协调互动”。规划纲要将上海确定为这一中国最大城市群的中心城市。而在京津冀协同发展战略中，北京、天津都被确定为中心；在粤港澳大湾区中，广州、深圳、香港和澳门都是区域中心城市。第二，规划纲要提出要把上海建成国际经济、金融、贸易、航运和科技创新的五个中心，这强调了上海作为长三角中心城市的综合性，苏浙皖则是“分工合作、错位发展”。城市定位意味着国家对这个城市的中长期规划发展目标，在一定程度上反映城市的发展方向与潜力，短期也会成为房地产商炒作房价的概念和购房者对未来房价看好的心理基础。而此次《长江三角洲

区域一体化发展规划纲要》发布后，上海在长三角区域中的定位被进一步明确提升，随着后续上海“服务长三角、联通国际的枢纽功能”的作用进一步发挥，城市价值将日益凸显。

从房价现状来看，上海房价整体趋于平稳。自 2016 年上海最严楼市限购新规（非本市户籍居民需要连续缴满五年社保方可购房，企业购买的商品住房再次上市交易，需满三年以上）发布后，自 2016 年 10 月后，上海新建商品房住宅价格指数环比涨幅从未超过 1%，商品住宅交易均价从 2016 年到 2019 年上涨 22%，达 31 464 元/平方米，而此前从 2015 到 2016 年一年间就上涨了 19.1%。

从供需角度看，目前供不应求的新房在未来潜在供应规模相对充足。从需求端看，上海对人才的吸引力不减，2018 年第二季度到 2019 年第二季度中高端人才净流入率前 20 个城市中，上海位列第 14 名。2020 年 3 月，《中共中央、国务院关于构建更加完善的要素市场化配置体制机制的意见》提出：“推动超大、特大城市调整完善积分落户政策，探索推动在长三角、珠三角等城市群率先实现户籍准入年限同城化累计互认。放开放宽除个别超大城市外的城市落户限制，试行以经常居住地登记户口制度。”户籍准入年限同城化累计互认政策的推出，无疑将继续吸引人口流入以上海为中心的长三角城市群，与此同时，在上海购房的要求实际有所放松，购房需求将得到支撑。

从供给端看，上海 2035 规划显示，虽然严控建设用地规模仍是主基调，但城镇居住用地却仍有增长空间。规划明确指出当前上海建设用地使用结构极不合理，工矿仓储用地在建设用地中占比达 27%，是东京、纽约等城市的 2～3 倍，同时农村建设用地也与农村人口规模不相匹配，农村地区人均建设用地面积是城市居民用地标准的 5 倍多。由此，规划大幅减少了农村居民点用地和工业仓储用地规模，以此反哺城镇居民用地、公共设施用地、绿化广场用地、道路交通用地等。

我们重点关注的城镇居民用地将从 2015 年的 660 平方公里，逐步提升至 830 平方公里，在 20 年的时间里，年均增长 8.5 平方公里，也即 850 万平方米。根据上海市国土资源局公布的住宅类土地供应数据，850 万平方米高于过去十年平均水平 728 万平方米，且高于近两年的供地水平：2016 年住宅类用地供应是近几年的低点，为 423 万平方米；2019 年住宅类用地规模有所提升，为 783 万平方米。如此看来，虽然整体新增建筑用地受到严格控制，但未来上海新增住宅用地供应规模存有提升空间，目前供不应求的新房在未来的潜在规模仍相对充足。

2. 各圈层核心城市价值提升，圈层间桥连城市有望获益

近年来，二线城市“抢人大战”屡次上演，但其中不乏炒

作情绪，部分城市缺乏足够的人口流入支撑因素，且人口流入中能有效转化为住房刚需的比例不高，依靠“抢人”为城市房价带来推动力实际上不可持续。而对于长三角城市群来说，未来在经济发展、就业机会、公共资源建设、交通便捷程度以及生态环境改善等方面的优势能为人才吸引带来一定的支撑，其中长三角各圈层核心城市以及中心城市上海与其他核心圈层的桥连城市将更为受益。

从城市定位来看，二线城市中，杭州、南京、合肥是省会城市，宁波是计划单列市，都是各圈层核心城市。长三角地区的核心圈层除了上海这一中心城市外，可以划分为杭州都市圈、南京都市圈、合肥都市圈、宁波都市圈以及与上海接壤的苏锡常都市圈。《长江三角洲区域一体化发展规划纲要》中对江苏、浙江和安徽三省的分工定位及发展战略有所明确，这也意味着杭州、南京和合肥将在各自圈层中发挥领导作用，即便是距离较远、经济稍弱的合肥，受益于 G60 科创走廊中心城市以及科技创新策源地的定位，也将获得重大利好。宁波本就是重要港口城市，承担重要交通枢纽的职能，又将实现与杭州都市圈的联动，实现杭绍甬一体化。而苏州、无锡作为苏锡常区域的核心城市，制造业发达，毗邻中心城市上海，实际地位并不亚于以上四所城市。温州曾经未列入长三角城市群名单，而如今进入长三角区域一体化的核心区，城市定位有质的提升。值得注意的是，南通受益于南通新机场的规划建设，将成为上海国际航空枢纽的重要组成部分，这对经济结构以国企为主，且与上海联动较弱的南通来说，无疑具有重要意义。此外，规划纲要还提出嘉兴将全面接轨上海桥头堡建设，同时规划建设嘉兴航空联运中心，嘉兴作为上海和杭州中间的节点城市，又进一步加强了与上海的联动。

从房价现状来看，杭州、南京、温州、宁波和苏州房价较高，2019 年至 2020 年近一年来南通和温州涨幅大。我们选取上述城市 2019 年 3 月至 2020 年 3 月近一年房价进行分析，可以划分为四类：第一类城市房价本身较高，且近一年增速较快，如杭州、宁波、苏州和温州，近一年增速分别为 9.4%、8.3%、7.0%和 13.3%，其中杭州房价与其他三城保有较大差距的同时依然保持了高增速；第二类城市房价本身较高，但近一年增速慢，这一类城市只有南京，增速为 2.6%，住宅均价位于 22 640 元/平方米的较高水平；第三类城市房价偏低，但增速快，包括常州、嘉兴和南通，近一年增速分别为 9.2%、7.3%和 16.9%，其中南通近一年实现了近 17%的高增速；第四类城市房价本身偏低，且近一年增速偏慢，为合肥，近一年增速为 3.8%（见表 3-4）。合肥过去几年一度成为全国房价增速最快的城市，目前趋于合理。

表 3-4　　2019 年 3 月和 2020 年 3 月长三角部分城市样本住宅均价　　单位：元/平方米

城市	杭州	南京	合肥	宁波	苏州
2019 年 3 月	24 141	22 072	12 591	16 134	16 144
2020 年 3 月	26 415	22 640	13 071	17 479	17 282
同比涨幅	9.4%	2.6%	3.8%	8.3%	7.0%
城市	无锡	常州	嘉兴	南通	温州
2019 年 3 月	11 694	10 632	11 203	11 719	16 969
2020 年 3 月	12 767	11 605	12 025	13 694	19 226
同比涨幅	9.2%	9.2%	7.3%	16.9%	13.3%

资料来源：平安证券研究所.

从供需角度看，长三角土地供给将更富有弹性，杭州、宁波人才净流入率较高。在供给端，中共中央、国务院印发的《关于构建更加完善的要素市场化配置体制机制的意见》中提及土地供应将更加富有弹性，更加符合需求规律，此举更多地是针对土地供需矛盾相对激烈的一、二线城市及城市群，开发商拿地方面也有松绑的意味，预计后续长三角各城市供地将适应人口流入的需求，更为灵活。在需求端，长三角人才持续流入。2018 年第二季度到 2019 年第二季度中高端人才净流入率位居前二十的长三角城市就有 7 个，其中杭州和宁波分列第一、二位，高达 8.82%和 8.27%，此外合肥、嘉兴、常州、上海和无锡也位居前二十，而与此同时长三角城市中温州、南通人口外流相对严重。因此，要想享受人才红利，人才流入、经济发展、公共资源建设、房地产业之间能够形成良性互动是关键：（1）对于政策吸引来的新流入人口，当地需有基本的产业经济和就业机会进行承载，就业机会是人才红利生效的重要前提条件，否则找不到工作的人口不需多时就会流出；（2）人才流入将进一步推动产业经济的发展，同时带来购房需求的扩大，并推升房价；（3）产业经济的进一步发展和房价上涨增强地方政府财力，带动医疗、教育、基础设施等公共资源水平相应提升；（4）在产业经济繁荣发展（就业机会增加）、房价上涨、公共资源具有保障的共同作用下，当地对人才的吸引力将进一步增强，由此人才红利良性循环发展。

3. 房企拿地情况

从房企拿地看，长三角是房企最重点关注区域，杭州、上海、南京、苏州和宁波受青睐。根据中国指数研究院的数据，2020 年 1—3 月，长三角地区拿地前十企业拿地总额高达 834 亿元，总面积达 709 万平方米；环渤海和中西部分列第二、第三位；珠三角地区位列第四位。长三角城市群中，主流房企对杭州、上海、南京、苏州和宁波更为青睐。在 2019 年 1—11 月全国土地成交前十名排行中，长三角城市中的杭州、上海、南京、苏州和宁波依次占据 4 个席位，其中杭州和上海分别以 2 411亿元与 1 655 亿元的成交总价位列第一及第二名。总体来看，以上五个城市都是长三角地区定位较高的城市，落地的政策支持力度也较大，且经济相对活跃，人才吸引力较强，房价存在上涨潜力。

4. 总结

我们对上海市楼市的投资机会、《长江三角洲区域一体化发展规划纲要》给长三角其他主要城市房地产带来的投资机会进行了简要分析，并从当前城市定位、人口流入、房企拿地等维度出发对相关城市投资机会进行了分析，主要结论包括：

其一，《长江三角洲区域一体化发展规划纲要》发布后，上海城市定位进一步提高，未来发展潜力存在较好支撑，未来上海新增住宅用地供应规模存有提升空间，目前供不应求的新房在未来的潜在规模仍相对充足。

其二，各城市圈层核心城市杭州、南京、合肥、苏州、宁波地位进一步凸显，对本圈层内城市的领导作用增强，与中心城市上海协同程度高。其中，杭州、苏州、宁波经济较为活跃，人才净流入率水平较高，对人才吸引力较强，尽管房价相对较高，但近一年依然保持较高增长，无论短期还是中长期房价增长都具备支撑因素；而合肥和南京对人才吸引力偏弱，近一年房价增速偏慢。

其三，其他城市中，南通受机场落地影响，近一年房价增速较快，但经济结构缺乏活力，对人才吸引力一般；温州经济实力较强，近一年房价增速较高，但存在人口流出的问题，长期房价上涨支撑因素相对缺乏；而嘉兴为位于上海、杭州之间的节点城市，同时受两大城市辐射，且距离上海较近，在发展战略上明显积极向上海靠拢，房价增长潜力较大。综上，我们看好杭州、苏州、宁波和嘉兴的投资机会。

附表 1　　长三角地区中科院科研机构

研究院所	中科院科研机构	主要领域	2016 年专利数	SCI 论文数
上海微系统与信息技术研究所	电子科学与技术、信息通信工程	200	191	影响因子大于 10 的论文有 8 篇
上海技术物理研究所	红外、光电技术	150	—	
上海光学精密机械研究所	激光科学技术	179	410	
上海硅酸盐研究所	无机材料科学与工程	207	410	
上海有机化学研究所	有机化学	67	—	影响因子大于 10 的论文有 59 篇
上海应用物理研究所	核科学技术、超导高频及低温技术、高精度数字化电源技术等	—	—	
上海生命科学研究院	分子细胞、脑科学、分子植物、人口健康及药物五大重点领域	58	988	影响因子大于 10 的论文数有 62 篇

续前表

研究院所	中科院科研机构	主要领域	2016年专利数	SCI论文数
上海药物研究所	药物化学、药理学等	114	446	
上海高等研究院	研产学紧密集合的多学科交叉融合创新平台，为战略新兴产业提供集成技术解决方案	69	71	
宁波材料技术与工程研究所	聚焦新材料、新能源、先进制造和生命健康等	210	532	
南京土壤研究所	土壤资源管理、植物营养调控、土壤环境保护、土壤生态保育	—	373	
苏州纳米技术与纳米仿生研究所	纳米器件及相关材料、纳米生物技术与纳米医学、纳米仿生技术和纳米安全技术	102	—	
苏州生物医学工程技术研究所	先进生物医学仪器、试剂和生物材料等	134	58	
合肥物质科学研究院	核聚变、环境监测与治理、强磁场、光电空天技术、新型功能材料、现代农业、高端医疗	332	757	SCI论文数为全国科研机构第2位

资料来源：中科院，平安证券研究所．

附表 2　2018 年国内高校科技相关专业世界排行（仅大陆高校）

专业类型	专业名称	大学名称	世界排名
工程技术	计算机科学与信息系统	北京大学	17
		清华大学	20
		上海交通大学	48
	化学工程	清华大学	11
		浙江大学	41
		上海交通大学	43
	电子电气工程	清华大学	8
		北京大学	21
		上海交通大学	31
		浙江大学	49
	机械工程、航空和制造	清华大学	11
		北京大学	18
		上海交通大学	25
	矿物与采矿工程	中国矿业大学	19
		北京科技大学	40
		南京大学	43
		武汉大学	43

专业类型	专业名称	大学名称	世界排名
生命科学与医学	解剖学与生理学	清华大学	33
	生物科学	北京大学	38
		清华大学	45
	医学	—	—
自然科学	药学与药理学	北京大学	29
	化学	—	—
	地球与海洋科学	北京大学	28
	环境科学	清华大学	24
		北京大学	26
	地理	北京大学	20
	材料科学	清华大学	9
		北京大学	18
		上海交通大学	25
		复旦大学	30
		北京科技大学	41
	数学	北京大学	20
		清华大学	26
	物理与天文学	北京大学	18
		清华大学	19

资料来源：QS 世界大学排名榜，平安证券研究所 .

第四章

雄安版京三角：创新驱动
均衡发展，千年大计重振华北

“雄安新区”之所以被称为“千年大计”，其背后实则有重振北方经济，使得中国经济的南北发展更趋均衡之意。“雄安新区”背后的另一层深意，则是通过实现京津冀更加紧密的一体化（包括更大力度的转移支付机制）来促进华北地区的均衡发展。换言之，雄安新区开发的长远意义或可概括为“北方兴、华北均”。

在1127年的“靖康之变”中，北宋为金国所灭，宋朝偏安于南方。从北宋到南宋的交替，实则是北方经济相对于南方经济衰落的开始。在此后的数百年间，长江流域与珠江流域的经济发展水平显著超过了黄河流域与其他北方区域。中国经济呈现出典型的“南强北弱”之格局。我们认为，“雄安新区”之所以被称为“千年大计”，其背后实则有重振北方经济，使得中国经济的南北发展更趋均衡之意。从华北地区来看，过去呈现出典型的区域内部发展不均衡。北京、天津是增长的两极，而河北、山西等省份的发展则明显滞后，京津冀的均衡发展水平远低于珠三角与长三角。因此，雄安新区开发的长远意义或可概括为“北方兴、华北均”。

一个时代有一个时代的标志。20 世纪 80 年代的深圳特区引领中国的改革开放，迅速发展为繁华都市；90 年代的上海浦东进一步深化改革开放，蝶变为东方明珠。随着中国进入新时代，高定位、高起点、高标准的雄安新区将成为一座世界新城。2017 年 4 月 1 日，中共中央、国务院决定设立河北雄安新区，坚持“世界眼光、国际标准、中国特色、高点定位”的发展理念打造一座新型城区。党的十九大报告中进一步明确雄安新区以疏解北京非首都功能为“牛鼻子”推动京津冀协同发展，高起点规划、高标准建设。2018 年 7 月 6 日，中央深改组第三次会议通过了《关于支持河北雄安新区全面深化改革和扩大开放的指导意见》，支持河北雄安新区全面深化改革和扩大开放，构建符合高质量发展要求和未来发展方向的制度体系，打造推动高质量发展的全国样板。2020 年 7 月，国家发改委介绍了雄安新区的最新建设进度：新区管长远的重大基础性工作基本完成，已从规划转入建设阶段。具体来看，在规划和政策方面，印发实施雄安规划纲要和 4 个综合性规划，制定完成综合交通、能源等 10 个重点专项规划；公布了支持雄安深化改革开放的意见，相继出台了雄安标准体系建设、人力资源和社会保障等 13 项配套政策。在重点项目建设方面，2019 年 67 个重点项目中有 9 个项目的主体已完工，加上 2020 年谋划的重点项目，在建项目数将“破百”。京雄城际铁路于2020年年底建成通车，乘坐高铁从北京到雄安不到30分钟。在生态环境治理方面，白洋淀湖心区水质提升到Ⅳ类，“千年秀林”已累计造林32.5万亩。

本章将以雄安新区为主线，分析北京、天津、雄安形成的京津冀核心城市群资源禀赋、经济环境及投资机会。本章后续内容安排如下：回顾雄安新区设立的历史背景；讨论雄安新区自身的资源禀赋优势和所处的京津冀首都圈的区域经济环境；以韩国世宗市为例，分析其对雄安新区建设的启示；分析雄安新区的建成给京津冀房地产市场和资本市场带来的投资机会。

历史背景：承接非首都功能，新时代创新试验田

2017年4月1日，中共中央、国务院决定设立国家级新区——雄安新区。这是继深圳经济特区和上海浦东新区之后又一具有全国意义的新区，是重大的历史性战略选择。党的十八大以来，以习近平同志为核心的党中央提出了“一带一路”“京津冀协同发展”“长江经济带”三大战略。设立雄安新区的决定出台于党的十九大召开前期，是我国新一轮改革开放大幕开启的象征。雄安新区更强调发展质量，有望成为国内首个系统实践“创新、协调、绿色、开放、共享”五大发展理念的平台。

时隔一年之后，2018年4月，中共中央、国务院批复《河

北雄安新区规划纲要》，明确了雄安新区的定位与功能："坚持世界眼光、国际标准、中国特色、高点定位，紧紧围绕打造北京非首都功能疏解集中承载地，创造'雄安质量'、成为新时代推动高质量发展的全国样板，培育现代化经济体系新引擎，建设高水平社会主义现代化城市。"设立雄安新区的意义主要有四点：第一，集中疏解北京非首都功能，缓解北京"大城市病"问题；第二，以点带面，促进京津冀协同发展，优化京津冀空间布局和产业结构；第三，打造北方新的经济增长极，促进南北经济平衡发展；第四，打造全国创新驱动发展的新引擎，成为新时代改革开放的试验田。本部分主要基于中国当前的经济局势，结合雄安新区的历史定位，多角度分析雄安新区设立的必然性以及发展方向。

◎ 集中疏解北京非首都功能

雄安新区的定位首先是疏解北京非首都功能集中承载地，重点是承接北京非首都功能疏解和人口转移。在中国区域市场分割的大环境下，北京作为首都，凭借着独特的区位优势和资源优势，吸引了大量的人口涌入。2004 年，北京曾规划到 2020 年人口控制在 1 800 万以内，但 2010 年北京市常住人口已经达到 1 961 万；截止到 2016 年年底，北京市常住人口规模为 2 173 万。人口规模过大引发了北京交通拥堵、环境质量持续恶化、居住成本高居不下、资源环境承载力严重不足等“大城市病”。究其原因主要在于，北京作为首都却聚集了过多的非首都功能：北京是中央政府和国家各部委所在地，也是众多企业总部集聚地，教育、医疗资源密集，是我国的政治、文化、教育和国有经济中心，从而吸引了大量人口和产业。

2015 年 4 月 30 日，中央政治局会议审议通过《京津冀协同发展规划纲要》，明确指出，京津冀协同发展的核心是有序疏解北京非首都功能，北京的核心功能定位是“四个中心”，即全国政治中心、文化中心、国际交往中心和科技创新中心，这四个核心功能之外的都是“非首都功能”。从区域经济学的角度来看，京津冀区域本质上是中国的“首都城市圈”。都市圈的发展，一方面通过城市间的合理分工，促进生产要素的流动，带动人口向周边城市扩散，缓解城市基础设施负荷和公共服务压力，有助于解决“大城市病”问题；另一方面，通过不同城市之间的合作，大城市发挥辐射效应，带动周边城市发展，实现大城市与周边城市的均衡协调发展。

基于中国的现实情况，要解决北京的“大城市病”，城市区域分工是必经之路——北京非首都功能的集中疏解需求决定了雄安新区的设立成为必然选择（陈甬军，2017）。在京津冀区域内打造一个新城，将部分非首都功能进行转移，有助于北京“瘦身健体”，使整个城市群的空间、交通、生态、人口和经济资源均匀合理分布。雄安新区包括河北省雄县、容城和安新三个县，地理位置恰好在北京、天津以及保定的腹地，与京津的距离都在105公里左右，三者形成“正三角形”。这样的位置作为北京非首都功能的集中疏解地恰到好处：既能与北京相隔一定的距离独立发展，避免了与北京、天津过近导致“摊大饼”的困境，达不到疏解的目的；也能够在相关交通设施完善之后与北京保持紧密联系，避免了距离过远，降低新城的吸引力。

◎ 以点带面促进京津冀协同发展

北京的发展具有典型的“虹吸效应”。所谓“虹吸效应”是指随着城市规模的扩大，完善的基础设施和优质的公共资源会从周边城市不断吸引人才、投资等资源，这会进一步强化该城市的竞争力和吸引力，并持续地吸引周边城市的生产要素；这虽然有助于该城市的发展，但会恶化周边城市的发展环境，导致“大树底下不长草”。也即是说，北京的发展不仅没有给周边的城市带来辐射效应，还进一步加剧了京津冀地区的发展不平衡；河北省所受影响尤为突出，甚至出现了“环京津贫困带”①。

① 亚洲开发银行调研曾发现：在河北省环绕京津的区域有25个贫困县、200多万贫困人口，集中连片，与西部地区最贫困的“三西地区”相比，处在同一发展水平，有的指标甚至更低。

从 GDP 总量来看，河北省与北京的经济体量较大，2019 年北京与河北省 GDP 总量均为 3.5 万亿元左右，天津 GDP 仅为 1.4 万亿元左右。从人均 GDP 来看，北京以 16.4 万元遥遥领先；天津人均 GDP 为 9 万元左右；而河北省人均 GDP 仅为 4.6 万元，大大低于北京、天津的水平。值得一提的是，由于天津市 2018—2019 年修改了 GDP 统计口径，将注册地在滨海新区但实际生产在外地的公司剔除，导致其 GDP 总量与人均 GDP 均出现了大幅下降。从产业结构来看，河北省产业结构比较落后。2019 年，河北省 GDP 第三产业占比 51.2%，而同期北京、天津分别为 83.5%、63.5%。第二产业是河北省的支柱产业，占 GDP 比例为 38.7%。北京市第一产业占比不足 1%，而河北省第一产业占比将近 10%，产业转型升级的任务较重。

根据长三角、珠三角的发展经验，京津冀要真正实现协同发展，必须缩小人均 GDP 差距，充分发挥各个区域的比较优势，实现核心区域与周边区域的同步发展，由此整个区域的发展才能够形成协同效益。河北省需要加大力气优化产业结构，促进转型升级，实现跨越式发展。从区域发展现状的大背景出发，设立雄安新区将有利于提振河北经济发展，形成一个新的增长极。在当前经济背景下，在冀中南腹地打造一个新城，一方面能发挥新区的经济集聚效应，带动相关产业链条的发展，提高周边区域的分工水平，有助于产业结构升级；另一方面，特区政策具有一定的自主调控空间和制度优势。作为京津冀政策试点的试验田，雄安新区能够在区域内释放巨大的示范作用，带动全省经济协调发展。雄安新区将与张北地区建设形成河北两翼（张北地区以 2022 年北京冬奥会和冬残奥会为契机）补齐区域发展短板，形成区域经济互动，提升区域经济社会发展质量和水平，构成河北经济发展的新格局。因此，雄安新区在确保发挥疏解北京非首都功能的基础作用的同时，还有助于促进京津冀的协同发展。

◎ 促进南北经济平衡发展

过去十多年，我国一直致力于解决东西部城市发展的不平衡问题，西部大开发、中部崛起有效地缩小了东西部的差距，但南北经济的失衡一直被忽视。从经济规模看，2019 年中国地区 GDP 规模前四的省（直辖市），南方占据 3 个；排名前十的省（直辖市），南方占据 8 个，分别是广东、江苏、浙江、四川、湖北、福建、湖南和上海。从经济增速看，2019 年全国经济增速最低的 10 个省（直辖市）中，有 6 个位于东北和华北，分别是吉林、黑龙江、天津、内蒙古、辽宁和山东；而自中国经济增长进入波动率较低的“新常态”以来，京津冀三地区的经济增速均出现显著的下滑。2019 年全国人均 GDP 最高的 10 个省（直辖市）中，有一半以上是南方省市，分别是上海、江苏、浙江、福建、广东、湖北和重庆；此外，2018年的数据显示珠三角地区11.4万元的人均GDP水平仅次于北京、上海，是全国为数不多的人均GDP超过10万元的地区。从空间组合区域发展看，长三角和珠三角地区已经成为中国乃至世界范围内具有影响力的城市群区域，而北方目前尚无一个成熟的城市群或都市圈。

新中国刚成立时，我国的经济重心在东北和华北地区，主要发展重工业；改革开放后，我国的经济重心逐渐南下，南北地区经济失衡开始加剧；尤其是经济进入新常态后，北方众多产业产能严重过剩，经济下滑压力倍增。南北区域经济的失衡不利于我国区域经济的协调发展，也不利于北方经济的可持续发展。政府在这种背景下设立雄安新区，旨在通过谋求京津冀城市群的崛起来带动整个北方经济发展，从而有助于我国区域经济协调，促进南北经济平衡发展。

“区域增长极理论”认为经济增长并非在所有的行业和空间均匀分布，而是首先出现和集中在具有创新能力的行业；这些行业集聚在经济空间的某些点上形成增长极，然后通过极化与扩散效应对区域经济活动产生影响。区域增长极在自身不断扩大的同时，也通过各种方式不断向外扩散，从而带动整个区域经济的发展。事实上，北京和天津已经处于后工业化阶段，具备形成世界城市群的基础；但河北省还处于工业化进程中，发展相对滞后，而且缺乏一个参与京津冀协调发展的核心城市，致使整个区域难以形成协同效应。雄安新区位于京津冀协同发展的关键轴线上，无疑将成为京津冀区域协同发展的第三极。不容忽视的另一点是，雄安新区未来也将承载起与“一带一路”战略对接的重要作用。目前“一带一路”战略多局限在华东沿海地区的“一路”与西北各省的“一带”，秉承开放发展的雄安新区未来将是京津冀地区与“一带一路”的连接点，有助于京津冀形成世界级的城市群。

南北平衡是我国未来深层次改革与转型发展的战略支点。雄安新区作为我国总体区域战略布局中的新枢纽城市，其功能不仅仅局限于疏解北京非首都功能和促进京津冀协调发展，还应该立足于全国范围的区域经济协调：沿着“雄安新区→京津冀都市带→京津冀协同发展→环渤海经济圈→中国北方→东北亚”的发展逻辑，承担起维持中国南北平衡、促进中国深度改革与转型发展等重大国家任务（李兰冰、郭琪、吕程，2017）。

◎ 新时代改革开放的试验田

雄安新区是新常态下深化经济体制改革，探索新经济增长动力的改革试验田。党的十九大报告明确提出，中国经济已经进入从高增长向高质量转型的“新时代”，过去传统粗放的增长模式难以为继，迫切需要推进新一轮的改革，寻找经济增长的新模式和新动力。在改革开放初期，深圳经济特区作为排头兵创造出了“深圳速度”；40年后，新一轮改革开放再启航，雄安新区将作为试验田为新时代的中国经济带来“雄安质量”。

在雄安新区规划出台之前，《人民日报》就撰文指出，雄安新区一是绝不搞土地财政，二是考虑百姓的长远利益，三是绝不搞形象工程。2018年4月，《河北雄安新区规划纲要》的出台进一步明确了雄安新区的发展定位：作为北京非首都功能疏解集中承载地，要建设成为高水平社会主义现代化城市、京津冀世界级城市群的重要一极、现代化经济体系的新引擎、推动高质量发展的全国样板；把雄安新区打造为绿色生态宜居新城区、创新驱动发展引领区、协调发展示范区以及开放发展先行区。

具体而言，雄安新区的改革创新表现在以下几方面：生态环境上，规划纲要规定新区蓝绿空间占比稳定在70%，新区远景开发强度控制在30%，人口密度控制在1万人/平方公里；重点产业上，新区重点发展新一代信息技术产业、现代生命科学和生物技术产业、新材料产业、高端现代服务业以及绿色生态农业等；住房制度上，新区坚持房子是用来住的，不是用来炒的定位，建立多主体供给、多渠道保障、租购并举的住房制度。总之，改革开放先行区所带来的更加灵活的体制机制将使得雄安新区成为新时代新经济的引领者，未来很多新的市场化改革措施将会在雄安先试先行。

值得一提的是，雄安新区“平地起”的特点，以中央政府高能级行政力量为起点，以充分发挥市场配置资源的决定性作用为核心，为我国建设全新的制度体制与治理模式提供了可能性。雄安新区的设立和发展将促进中国行政体制的改革，促进经济体制和行政体制的有机结合，不断完善现代化的国家治理体系。

资源禀赋：交通便捷、资源丰富，制度红利助推创新

雄安新区规划范围涉及河北省雄县、容城、安新 3 县及周边部分区域。雄县面积 677.55 平方公里，2020 年年末全县总人口为 49.56 万人，地热储量 822 亿立方米，早在 2010 年就被国土资源部命名为“中国温泉之乡”；安新县面积 738.6 平方公里，常住人口 50 万人；容城县面积 314 平方公里，常住人口约 28 万人，2006 年被中国纺织工业协会和中国服装协会评定为“中国男装名城”。

雄安新区地处北京、天津、保定腹地，区位优势明显，交通便捷通畅，生态环境优良，资源环境承载能力较强，现有开发程度较低，发展空间充裕，具备高起点高标准开发建设的基本条件。

◎ 区位优势：交通便捷承接首都，天津港口助力开放

1. 交通区位优势

雄安新区地处北京、天津、保定腹地，距北京、天津均为105公里，距石家庄155公里，距保定30公里，距北京新机场55公里，区位优势明显；交通便捷通畅，现有多条高速公路、铁路，可比较快地基本形成与北京、天津、石家庄半小时通勤圈。雄安新区规划6条铁路、4座高铁站、1个机场，计划于三年内建成。此前经过雄安地区的只有2015年年底开通的津保铁路，现有白沟站、白洋淀站等七个站点，未来计划增设雄安站和雄安东站两座高铁站。

北京至雄安方面，除了京雄城际铁路外，今后将构筑“4＋1”模式（4条高速公路、1条国道）的公路通道。4条高速公路具体包括：既有的京开高速、京港澳高速；京雄高速是新增规划的高速公路，在建的新机场高速将由北京新机场进一步南延至雄安新区。230国道（良常路南延）已于2018年底开工建设，项目北起房山区务滋村西侧，南至京冀界，计划2021年年底建成通车。京雄城际铁路起自京九铁路李营站，经北京大兴区、北京新机场、霸州市，终至雄安新区，正线全长92.4公里，共设5座车站，可实现30分钟从北京城区到达雄安新区。

天津至雄安方面，将有两条高速公路作为纽带，将两地的

车行距离拉近为1小时，津雄铁路将从天津直达雄安。此外，还将进一步加强新区与天津港、黄骅港的交通联系，畅通新区出海通道。

通过高速公路网将实现从雄安新区出发60分钟到达北京、天津，90分钟到达石家庄。通过铁路，天津至北京30分钟、天津至保定1小时、北京至天津滨海新区1小时以内。“轨道上的京津冀”建设让“同城”效应愈加显现——京张、京沈高铁和京唐、京滨城际铁路建设全面提速，北京城市副中心线、怀密线等市郊铁路投入运营，京津冀1小时区域交通圈正在形成。便捷通畅的交通设施有利于生产要素的快速流动，为京津冀一体化协同发展奠定了基础。

2. 港口优势

《河北雄安新区规划纲要》要求加强新区与天津港、黄骅港交通联系，畅通新区出海通道。天津港地处京津城市带和环渤海经济圈的交汇点上，是我国北方重要的对外贸易口岸，具备明显优势：

第一，地理区位优势。其与华北、西北等内陆地区距离最短，能够服务和辐射的范围包括京津冀及中西部地区的14个省、区、市，直接经济腹地近500万平方公里，约占全国面积的52%；天津港是华北、西北地区能源物资和原材料运输的主要中转港，也是北方地区的集装箱干线港和发展现代物流的重要港口。

第二，货物吞吐量优势。天津港是世界上等级最高的人工深水港。早在2013年，天津港货物吞吐量就突破5亿吨，集装箱吞吐量突破1 300万标准箱，成为中国北方第一个5亿吨港口。

第三，国际化与开放制度优势。天津港对标国际一流航运中心，围绕京津冀协同发展和“一带一路”建设等国家战略，大力发展国际业务。天津港至曹妃甸综合保税区码头的新航线开通后，外贸进口集装箱还可享受到天津自贸试验区、保税港区和综合保税区的多重政策叠加，津冀港口之间形成了“境内关外”的互联互通。

第四，港口间协同优势。天津港在不断扩大与曹妃甸综合保税区码头业务协同的同时，还将积极依托黄骅港和唐山港合资成立的集装箱码头，促进港口由运输枢纽向“航运＋物流＋贸易＋金融”的复合型业态转型发展，助力津冀港口加快建成以天津港为核心、以河北港口为两翼的世界级港口群。

总之，雄安新区可以利用天津滨海新区的综合交通支撑，打造滨雄间干线及支线互联互通、快捷高效的复合交通网络；以天津滨海新区自贸试验区建设、京津冀协同发展、“一带一路”战略为契机，打造河北雄安新区建设期的对外开放节点和自由贸易通道；助力河北雄安新区在更大范围、更广领域、更高层次上参与全球竞争合作。

◎ 地热资源丰富，土地承载力强

1. 地热资源丰富

地热是由地壳抽取的天然热能，这种能量来自地球内部的熔岩，并以热力形式存在，是一种绿色低碳、可循环利用的可再生能源。河北省是我国地热资源非常丰富的地区，平原地区地热资源主要分布在保定、沧州、衡水、石家庄、邢台、廊坊等地，占平原面积的82%。其中，保定市的地热资源主要分布在雄安新区。截至2012年，雄县地热面积320平方公里，储量821.78亿立方米；安新县境内蕴藏的地热资源储藏面积达350多平方公里，储量150多亿吨。

仅就地下3 000米以浅的深度而论，雄安新区就存在三类地热资源和热储层可供利用，具体如下：（1）浅层地热能。位于地下200米以浅，可与地源热泵技术结合，地源热泵供暖效率通常比普通空调高4倍，比空气源热泵高2倍，环保、节能、节电效果显著。（2）砂岩热储。位于地下200米至3 000米深，可用于供暖或供热，替代燃煤，减缓雾霾。主要缺点是有一些地区回灌比较难，平均只有30%的回灌率，即每开采100立方米的热水，只有30立方米左右可以顺利回灌到地下。剩下的部分，若排放到地表水体，则会带来污染，达不到清洁能源的要求。（3）碳酸盐岩热储。位于地下 1 000 米至 3 000 米深度范围内，可用于供暖或供热。在雄安新区，广泛分布着元古界雾迷山组白云岩热储，总厚度可达数千米，千米深处的温度在 60℃以上。其最大优点是出水量大，尾水可以 100％回灌到地下，实现循环利用。

雄安新区的地热资源丰富，特别是岩溶热储面积广、储量大、水质好、温度高、易采易灌，有利于开发利用。雄安新区在地热利用上已经先行了一步：2009 年，雄县人民政府与中国石油化工集团旗下的新星石油有限责任公司签订了地热开发合作协议。自此开始，雄县就走上了一条独有的清洁能源发展之路。目前，雄县供暖已经基本实现了二氧化碳、二氧化硫、粉尘“零排放”，每年可替代标煤 12 万吨，成为中国首个“无烟城”；但安新和容城地热资源的开发利用程度还较低，具有巨大的开采潜力。未来随着雄安新区地热资源的进一步开发，京津冀地区对煤炭资源的依赖有望得到缓解，京津冀地区的空气质量也有望得到改善。通过地热开采成功经验的推广，雄安新区势必引领我国城市的能源结构转型。

2. 土地承载力强

雄安新区规划面积广阔。其起步区面积约 100 平方公里，中期发展区面积约 200 平方公里，最终远期控制区面积要到 2 000 平方公里。目前，雄安新区三县土地总面积为 1 730 平方公里，土地资源充裕。新区三县境内及周边以低海拔平原、洼地为主。海拔最高的为 18 米，最低的为 5 米，平均 8.3 米，低于海拔 10 米的地表面积为 1 166 平方公里，适于生产建设。

雄安新区土地开发程度较低且承载能力较强。从土地类型看，中国科学院地理科学与资源研究所的遥感调查结果显示，2015 年新区三县土地类型主要是耕地、湿地以及乡镇和农村，占总面积的 90%，城镇建设区仅占 2.2%，没有高楼大厦，土地开发利用程度低，土地承载力较强。三大产业中以第二产业为主，且农业占比也较高，城镇化程度低，产业结构落后，便于未来统筹规划。从人口密度看，新区规划范围“如同一张白纸”，发展空间充裕。当前，新区三县人口密度仅为 726 人/平方公里，单位面积年经济产出 1 355 万元/平方公里，与上海浦东新区（人口密度 4 523 人/平方公里，单位面积年经济产出 6.53 亿元/平方公里）、深圳特区（人口密度 5 398 人/平方公里，单位面积年经济产出 9.66 亿元/平方公里）相比，土地资源承载力仍有巨大潜力。①

但需要指出的是，雄安新区水资源承载力较弱。白洋淀是河北省最大的湖泊，水域占安新县、容城县、雄县 3 县总面积的 23.4%，白洋淀大部分位于新区规划的核心区域，是

---

① 数据来源于中国科学院地理科学与资源研究所《雄安新区资源环境承载力评价和调控提升研究》(2017)。

新区淡水资源最主要的来源。但白洋淀却面临着经常干涸、污染严重等问题，目前用水赤字 1.4 亿立方米/年，水资源承载能力基本达到上限。白洋淀的治理将成为新区建设最重要的事情。

◎ 制度创新发展示范区，承接北京产业人才资源

雄安新区最核心的优势是制度优势。一方面，其邻近北京，短期承载疏散北京非首都功能、促进京津冀协调发展的重任；另一方面，其作为与北京、天津对接的京津冀第三增长极，在中长期承担带动北方经济发展、促进南北区域经济协调发展的重任。因此，雄安新区成为新一轮改革开放示范区与新时代创新驱动发展引领区，未来很多新的市场化改革措施都将在这里先行先试。在新区建设的起步阶段，其必将受惠于各种优惠政策。

从行政级别来看，雄安新区由三个县直接合并为副省级区域，历史罕见。之前我国一共有 18 个新区，只有上海浦东新区、天津滨海新区和重庆两江新区属于副省级。这说明雄安新区已经上升到国家战略层面，相关特殊优惠政策和权限将由国务院直接批复。政府对雄安新区的支持也将是史无前例的。

雄安新区可以利用作为北京非首都功能集中承载地的机遇，

在短期内实现经济高速发展；在享受政府优惠政策的同时，致力于构建高效的机制体制与政策体系，增强自身的比较优势与吸引力，快速地吸引创新产业和研发部门，在较短时间内形成知识密集型产业集聚。

未来雄安将采取组团式发展，没有单一中心，形成“一主五辅多节点”的空间布局。主城区优先承接北京疏解的事业单位、企业总部和金融机构等，重点发展人工智能、信息安全、量子技术、超级计算机等尖端技术产业。外围布局电子信息、生命科技、文化创意、军民融合等高端新产业，多节点布局网络智能、科技金融、文化创意等特色产业集聚发展。阿里巴巴在雄安设立“数字智慧城市”项目，雄安交通、能源、供水等民生基础设施与阿里云互联互通；腾讯建立“创新实验平台”，金融大数据、区块链和人工智能等核心技术在雄安先行先试。雄安将开创国家新区和城市发展的全新模式，对北京的人才资源形成持续的吸引力。

经济环境：京津冀经济分量重、债务压力小，优质教育、科技、金融资源集中

雄安新区是疏散北京非首都功能的承载地，是促进京津冀协调发展的重要组成部分。因此，本部分在分析雄安新区的区

域经济环境时，把京津冀看作统一整体，作为我们的研究对象，从实体经济、优质资源（教育、科技、金融）、房地产市场三个角度分析新区所处的区域经济环境。

◎ 京津冀经济分量重，京津债务占比低

京津冀位于我国的华北地区，总人口 1.12 亿，占全国总人口的 8.1%；区域面积 21.8 万平方公里，占全国领土面积的 2.3%，但城区面积 2.6 万平方公里，占全国城区面积的 13%。

从经济总量规模、消费以及投资来看，京津冀在全国占比较高。2019 年京津冀 GDP 占全国的比例为 8.54%，第三产业优势更为突出，占比为 10.57%，这主要得益于北京比较发达的第三产业。出口方面，京津冀的份额相对较低，2019 年该比例仅为 6.13%，这可能是由于京津冀主要是内陆城市，缺乏世界级的港口群。财政收入方面，由于天津和河北的财政收入较低，京津冀整体财政收入占全国的 6.29%。

从经济增速看，北京与河北的 GDP 同比增速与全国 GDP 增速基本保持同步，天津 GDP 增速一直高于全国 GDP 增速，但在 2017 年 GDP“挤水分”的政策下，天津 GDP 增速出现大幅度下降，从 2016 年的 9.1%下降到 2017 年的 3.6%，随后两年的 GDP 增速也仅为 3.6%和 4.8%。从人均 GDP 来看，京津

冀人均 GDP 为 75 485 元，高于全国 70 892 元的平均值。其中，河北人均 GDP 低于全国水平，而北京、天津人均 GDP 显著高于全国水平（见表 4－1）。

京津债务占比较低，河北债务压力中等。从一般债务余额占比来看，北京全国排名倒数第七，天津排名倒数第四，河北排名相对靠前，为第十一；若从债务压力与偿还能力角度看，北京和天津在一般债务余额占 GDP 比重与财政债务率两个指标上均处于全国靠后位置，都在全国排名后四位。河北省两项指标排名分别是第十九和第十五，债务压力中等。

表 4－1　　京津冀主要经济指标对比

	全国	北京	天津	河北	京津冀总和	京津冀占比
人口（万）	138 271	2 173	1 562	7 470	11 205	8.10%
城区面积（平方公里）	198 179	16 410	2 583	6 613	25 606	12.92%
GDP（2019，亿元）	990 865	35 371	14 104	35 105	84 580	8.54%
GDP：第一产业	70 467	114	185	3 518	3 817	5.42%
GDP：第二产业	386 165	5 715	4 969	13 597	24 281	6.29%
GDP：第三产业	534 233	29 542	8 950	17 989	56 481	10.57%
人均 GDP（元）	70 892	164 000	90 306	46 348	75 485	—
最终消费支出（2017，亿元）	456 518	16 842	8 424	16 056	41 322	9.05%
资本形成总额（2017，亿元）	357 886	10 946	10 467	19 083	40 496	11.32%

续前表

	全国	北京	天津	河北	京津冀总和	京津冀占比
出口金额（2019，亿元）	172 298	5 168	3 018	2 370	10 556	6.13%
财政收入（2019，亿元）	190 382	5 817	2 410	3 743	11 970	6.29%

资料来源：Wind，平安证券研究所.

◎ 京津冀教育、科技优势凸显，产权交易联盟助推要素一体化

从教育与科技的角度看，京津冀优势凸显。京津冀地区的普通高等学校占全国的10%，教育经费占全国的8%。河北在普通高校数量上多于北京，但北京优质的教育资源更为突出。全国112所“211工程”重点大学中，北京有26所，占比为23%，京津冀占比为27%；2019年，全国研究生培养科研机构总数235所，北京88所，占比为37.4%。科技方面，2019年京津冀地区的专利申请受理数占全国的比例接近10%，其中北京占了5%；京津冀地区的高新技术企业数目约占全国的74%，其中北京占51%，天津占13%，河北占10%。北京优质的科技教育资源为雄安新区的人才储备奠定了基础。

京津冀金融业增加值占全国金融业增加值的比重稳中趋升，2018年该比例为13%，其中北京金融业增加值占全国金融业增

加值的比例为7%，也即北京金融业增加值占京津冀三地区金融业增加值的50%以上。截至2020年4月，北京共有A股上市公司351家，总股本2.7万亿股，占全国39.07%，总市值17.08万亿元，占全国26.56%，居全国第一。新三板挂牌公司1 146家，四板累计服务中小微企业上万家。近年来，诸多法人金融机构落户北京。继亚洲基础设施投资银行（以下简称“亚投行”）之后，作为又一新设的国际金融组织，亚洲金融合作协会总部选址北京；全球最大的信用卡组织VISA在京设立中国总部；非银行支付机构网络支付清算平台（网联）落户北京。优质金融资源加速聚集北京。

北京拥有全国最大的产权交易中心——北京产权交易所，它是以企业产权交易为基础，集各类权益交易服务为一体的专业化市场平台。它具有双重职能，一是对国家各部委在机构改革中的国有资产进行重组、产权转让、资产并购、股权融资、资源整合等全要素、全流程服务；二是服务于多品种权益交易的基础性资本市场平台。北京产权交易所是中国最大的产权交易桥梁和纽带中心，2013年度交易规模首次突破万亿元大关，2018年交易规模已达到6.49万亿元，已经成为全国要素交易市场的中心市场和领先机构。

此外，为了促进京津冀一体化，推动京津冀地区产权市场的发展，北京产权交易所成立了京津冀产权市场发展联盟，该联盟由北京产权交易所、天津产权交易中心、河北省产权交易中心在自愿协商、互利共赢的基础上共同发起设立，有助于提升三地交易平台的市场功能，增加交易品种，扩大交易量，助推各类要素资源突破区域限制，在更大范围实现自由流动和优化配置，推动三地产权市场的协同发展。

北京产权交易所、天津产权交易中心、河北省产权交易中心具有各自独特的优势。北京产权交易所的技术交易、环境交易、金融产品交易，天津产权交易中心的非上市企业股权交易和融资服务、农村产权交易，河北省产权交易中心的公共资源交易等各具优势，三地市场之间具备较强的互补性，合作空间巨大。京津冀产权市场发展联盟，将会大大有助于三地要素市场的统一化进程，实现要素资源的自由流动和优化配置。

但我们也应该看到，北京金融业与上海金融业的发展差距。通过对比中国金融中心指数，分析北京与上海、深圳三个城市在金融业的综合竞争力、金融产业绩效、金融机构实力、金融市场规模、金融生态环境五个指标，可以发现北京金融业的集聚效应和综合实力与上海相比还有一定差距，在金融市场规模方面短板较为明显（见图 4－1）。此外，根据 2018 年 3 月发布的全球金融中心指数①城市排名，北京排名为第 11 名，低于第 6

① 该指数从营商环境、人力资源、基础设施、发展水平、声誉及综合等方面对全球重要金融中心进行评分和排名，由英国智库 Z/Yen 集团与中国（深圳）综合开发研究院共同编制。

名的上海，深圳的排名为第 18 名。排名前五的城市分别为伦敦、纽约、香港、新加坡和东京。

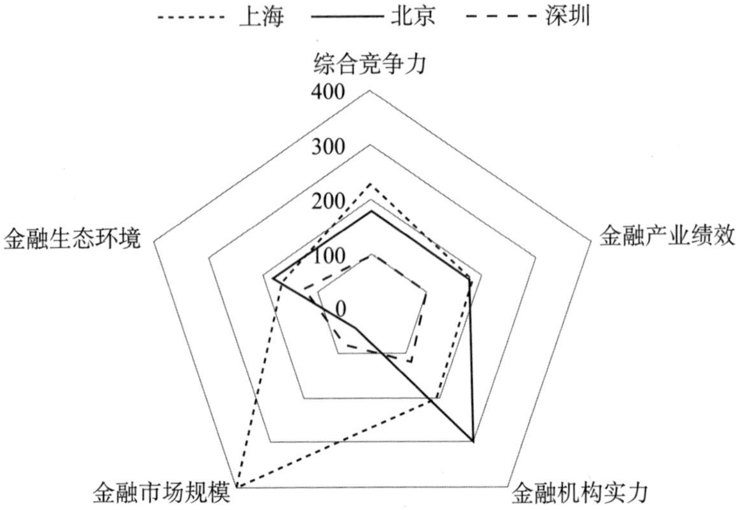

图 4-1 北京、上海、深圳金融业评价指标分析雷达图

资料来源：北京市金融局网站，平安证券研究所.

◎ 京津冀房价依次递减，“多节点”区域城市显投资价值

与金融业相比，京津冀房地产行业在全国的占比并不高。2017 年，京津冀房地产行业增加值占全国的比重为 6.44%，其中，北京占比为 2.69%，天津占比为 1.19%，河北占比为 2.56%。从趋势上来看，三地区的房地产行业增加值占全国的比重呈下降趋势。房地产开发投资占比相对比较平稳，三地区占全国的比重稳定在 10%左右，2017 年该比例约为 9.78%，

其中北京占比为 3.36%，天津占比为 2.03%，河北占比为 4.39%。

从房地产价格来看，北京房地产平均价格远远高于天津和石家庄。截至 2019 年年底，北京样本住宅平均价格 42 858 元/平方米，高于一线平均价格 41 660 元/平方米；天津住宅平均价格 14 984 元/平方米，高于二线平均价格 14 157 元/平方米；石家庄平均价格 11 421 元/平方米，低于二线平均价格。从价格变化趋势来看，三地区住宅价格同比都处于下降趋势，从下降的时点来看，北京早于天津，天津早于石家庄。从库存占比来看，北京的去库存力度最大，占全国库存的比例明显下降，但北京的房价预期指数也处于历史最低水平。这说明，未来北京的房价很大程度上取决于长效机制的建立与否。

我们进一步分析天津的房地产价格。自 2017 年 GDP 挤水分以来，天津 GDP 累计同比出现断崖式下跌。2016 年天津 GDP 同比增速为 9.1%，而 2017—2019 年三年天津 GDP 同比增速分别为 3.6%、3.6%和 4.8%。天津实体经济的不断下滑不利于房地产价格的上行。此外，天津住宅平均价格从 2015 年初的 11 228 元/平方米上行到 2017 年第一季度 14 320 元/平方米的高点，此后增速开始放缓。从住宅价格同比增速来看，房价已经处于下行周期，未来进一步上升的空间有限。从最近的交易数据来看，无论是商品住宅成交面积还是成交额都处于历史低位，但土地供应和土地成交额并没有随之下行，供给的增加会进一步增大房价的下行压力。从侧面来看，这说明面对房地产的低迷，天津仍希望通过“土地财政”的思路刺激经济。但天津又拥有优质的基础教育资源，是全国的“高考洼地”，高考优势仅次于北京，天津“985工程”大学招生本地化率16.3%，全国第一。因此，我们对天津的房地产市场持相对谨慎的态度，但相对看好有优质教育资源的学区房。

最后看雄安新区的房地产市场。雄安作为新城，未来房价上涨具有较大的空间。但雄安新区作为制度创新的示范园区，坚持“房子是用来住的，不是用来炒”的定位，建立多主体供给、多渠道保障、租购并举的住房制度；满足多层次个性化需求，建立多元化住房供应体系，严控房地产开发，建立严禁投机的长效机制。

雄安新区的初步设想是，在大数据管理支撑的基础上，新区就业者将实行积分制，来新区工作的人都可以租房居住，工作时间长、贡献大的市民攒够一定积分，就可以把房子买下来，在一定期限内不能卖。如果要出售房产，政府将有优先购买权，以略高于同期银行本息的价格回购，避免房屋频繁“倒手”推高房价。由于制度和政策的限制，雄安新区的房子并非投资品。我们认为位于京津冀发展架构“多节点”的区域中心城市的房地产更有投资价值。

国际经验：雄安新区的启示——以韩国世宗市为例

我国城市化进程起步较晚，对于大都市区的新城建设缺乏经验。而西方国家城市化起步较早，在大都市的新城建设上有着广泛的经验和教训，能够为我国建设雄安新区提供丰富的经验。20 世纪 20 年代，伦敦、巴黎、纽约等国际大都市，随着产业过度集聚以及人口过快增长，“大城市病”逐渐显现，面对这种情况，西方国家通过发展都市圈和建设新城来缓解交通和环境的压力；然而随着多中心化的发展，伦敦等国际大都市的国际影响力和经济引领作用在一定程度上减弱，近些年来，伦敦、纽约等城市由强调疏解转为强调增长。与西方传统发达国家不同，韩国世宗市建设起步较晚，定位于首尔部分功能的迁移，与雄安新区的定位类似，目前还处在建设疏解阶段，对于现阶段我国建设雄安新区有着更强的借鉴意义。此外，首尔都市圈与京津冀也十分类似，形成“三足鼎立”之势，都包含一个首都（首尔/北京）、一个港口城市（仁川/天津）以及一个土地面积较大的行政区（京畿道/河北省）。因此，我们主要以韩国世宗市为例来观察雄安新区可借鉴的国际经验。

◎ 韩国新行政中心世宗市——功能迁移

自 20 世纪 60 年代开始，韩国首都首尔市人口快速增长。

到1990年，首尔市人口超过1 000万，人口密度高达17 500人/平方公里。多年的过度发展导致首尔“城市病”日益严重：人口密集、地价飞涨、交通拥挤、环境污染，首尔居住成本大幅度增加，城市竞争力下降。鉴于此，韩国政府通过首都圈建设和新城建设，来疏解首尔的人口和产业。以首尔为中心的首都圈（包括首尔、仁川、京畿道，总面积11 686平方公里）位于韩国偏北部，只占韩国1/10的土地面积，却集中了韩国47%的人口、50%以上的经济力量，与欠发达的中、南、西、东部相比悬殊。首都圈过于强大，令地方精英人才流失，对地方发展形成明显的虹吸效应。为了缓解首尔的“大城市病”，推动区域均衡发展，2003年12月，韩国国会通过《新行政首都特别法》，决定将韩国行政首都从首尔迁往韩国中部地区（后来具体设在世宗特别自治市，本书简称为“世宗市”）。

世宗市，总面积为465.23平方公里，约为首尔总面积的3/4，位于首尔以南大约120公里处，相比较而言，和雄安新区到北京距离相近。世宗市位于忠清南道的东北部，东临忠清北道的清原郡，西临公州市，南临大田市，北与天安市相邻，由原忠清北道清原郡一部分、忠清南道公州市一部分和忠清南道燕岐郡一带合并组成。世宗市作为行政中心具有天然的地理优势，这里作为全韩国国土的几何中心，大部分韩国国土都在距离其200公里辐射区，因此从这里通过高速公路、航空工具、铁路等可在两小时内抵达全国大部分地区。

首都圈资源过于集中并非只源于经济发展，更多的是由于韩国中央政府权力过大，权力过度集中在中央政府，企业为了获取更多的利益纷纷搬向首都圈。为了打破这样的格局，首先要改变政府职能，将部分中央政府职能下放。2012 年，首尔除了保留包括总统府和国会在内的外交、统一、法务、国防、行政安全、女性等部门外，其他部门都在 2014 年之前完成迁移至世宗市的工作，包括 16 个中央行政机关和 20 个相关部门。

世宗市的开发建设是基于城市成长的三个阶段。第一阶段是城市的初期，着重于行政功能的建设，从政策层面对核心设施建设进行优惠补贴，资金来源主要是政府专项资金，形成城市的雏形；第二阶段是城市的成长阶段，投资教育、医疗、科技等产业，提高城市的竞争力和吸引力，扩展自足功能，吸引民间资本，发挥市场的资源配置作用；第三阶段是城市的成熟阶段，进一步完善各项设施，强化城市发展的内生动力。

延伸阅读

首尔都市圈规划的三个阶段

首尔的城市发展始于摆脱日本殖民统治后的 20 世纪 60 年代，首尔市政府开始致力于实现城市的现代化。首尔都市圈的城市规划伴随的是首尔经济社会发展以及人口变迁，根据历史背景、面临的主要矛盾以及城市规划的中心任务，主要可以分为三个阶段，包括1960—1979年城市基础设施的大举建设阶段、1980—1999年的城市扩张阶段以及2000年以来的城市可持续发展阶段。

第一阶段：城市基础设施的大举建设阶段（1960—1979年）

20世纪60年代，怀着对首尔这座城市未来经济发展的美好憧憬，大量的人口流入首尔，两年内大约有50万人迁入首尔。但是由于城市的住房和基础设施建设还未能跟上人口规模膨胀的速度，大量人口沦为城市难民，尚未为居民居住而开发的城市郊区被新移民淹没，并迅速成为新兴首都的一部分。到1963年，这座城市的规模扩大了一倍。人口的突然增长（当时为300万人）最终导致了极端的交通拥堵、环境污染、公共交通系统负担沉重、居住区过度拥挤以及非法的居住点野蛮生长。

60年代城市建设的重点是加强土地利用规划、道路干线建设以满足移民扩张的需要。土地调整计划从日本殖民统治时期开始，一直持续到80年代中期，遍及各个地区，对首尔目前的内部城市结构产生了重大影响。计划的实施旨在对土地进行调整，对已经有所发展的地区进行系统的开发和改造，在建立基础设施和为私人发展奠定基础的同时将所需的公共成本降至最低，并将集中的城市人口和工业设施重新分配到周边地区，西乡、东大门、宿豫、蒲光和城山地区进行了相关调整。这期间，

1966 年的《首尔基本城市规划》是塑造首尔空间结构的转折点，目标是满足 1985 年人口增加到 500 万人的需要。

70 年代首尔城市规划的重心是实现城市的扩张以满足工业化和城市化发展的需要。这一时期是韩国“汉江奇迹”的重要时间段，韩国实现了惊人的经济增长。1973—1979 年，韩国制造业年均增长 16.6%；1980 年，重化工业在整个制造业的比重达到了 54%。在此期间，首尔决定开始发展江南区，致力于将城市功能重新分配到江北地区以外。1973 年，首尔的行政区扩大到 605 平方公里，与今天的规模相似，但是仍有不断扩大基础设施和城市建设的要求，以使城市能够跟上经济的快速增长。为了满足这些需求，新的地铁服务（1 号线）替换了过时的电车。同时，商业和文化设施建设与大型基础设施（主干道、隧道、桥梁、下水道系统等）建设不断发展。《城市规划法》于 1971 年进行了全面修订，引入了加强版的地区体系，并引入了禁止开发区的概念，作为控制混乱的城市扩张并促进已开发地区健康发展的一种方式。其他立法如《国家领土利用和管理法》（1973 年），旨在提高土地管理和规划效率；《住房建设促进法》（1973 年），力图从根本上解决住房问题。

第二阶段：城市扩张阶段（1980—1999 年）

1980 年，首尔已成为一个拥有 850 万人口的大城市。此时的首尔经过 70 年代的经济腾飞，现代化产业高速发展，中产阶级日益壮大，对城市同步发展的需求也与日俱增。1986 年亚运会和 1988 年奥运会的承办也对首尔的污染治理、环境改善、住房现代化以及基础设施改造升级提出了更高的要求。

80 年代，工业化和城市化的迅速推进带来了人口过剩和城市拥挤等问题，教育、文化以及医疗等公共服务也难以满足人们的需要，多核城市和卫星城等理念融入城市规划中。1981 年,《城市规划法》进行了修订。此外，较高级别的《首尔都市圈调整计划》制定了中长期发展规划。在中期发展时期（1980—1986 年），城市结构将根据规划的实际变化和基本方向进行更新；在长期结构规划时期（1987—2000 年），重点将放在高密度土地的使用、多核结构的开发、当地社区规划和城市环境上。1984 年，《首尔基本城市规划》进行了修订，以重新设定城市发展方向，它提出了 2000 年代的新城市规划方向以及城市结构调整的指导方针。《首尔基本城市规划》提出通过建设卫星城市和分散发展来管理郊区，使首尔成为多核城市，并致力于将圆形/径向街道网络转变为网格街区，来对交通系统进行重组。

90 年代的首尔城市规划对城市功能进行了再度分配，并对次中心以及城市社区的定位给出了更为详细的意见。1988 年奥运会后，首尔成为一个拥有 1 000 万人口、人均收入超过 1 万美元的大城市。作为现代化工业国家的首都，首尔必须加强多样化城市结构调整，以满足不断增长的经济和人口的需求。除了大举进行地铁系统等大型公共基础设施的新建外，首尔还创建了五个新城镇，以作为大都市区的本地中心。与城市次中心的建设相适应，城市的规划权进行了下放，公众参与的机制也得到了完善，首尔的25个地方行政区拥有更大的自主权，每个行政区都在制订自己的多元化计划。1990年的《首尔基本城市规划》更为重要，它以2001年的1 200万人口为目标，旨在通过提供必要设施、道路网的标准化布置来平衡江南和江北地区的发展，继续在现有市中心开展活动的同时，允许多核结构具有更大灵活性，并增强了二级中心的作用。该规划中的城市结构包括四大城门区、5个次中心以及59个地区中心。

第三阶段：城市的可持续发展阶段（2000年至今）

在这一阶段，首尔告别了过去的城市高速增长状态，转而注重城市的可持续发展，致力于把首尔定位为世界一流的国际先进城市。奥运会、世界杯等国际盛会提高了首尔的国际知名度，首尔政府借此机会挖掘首尔的历史文化遗产、生态旅游价值，并努力将首尔打造为国际高科技城市。

1994年是首尔被确定为首都的600周年。为了有效地管理这座历史名城，21世纪以来，政府启动了许多计划：《市中心发展计划》(2004年)、《城市综合休闲娱乐计划》(2008年)以及《历史城市中心管理计划》(2010年)。还实施了其他项目，包括恢复王宫和宗庙，建造首尔广场、崇礼门广场和光化门广场，以及在城市中心增加开放空间。其他工作包括在城市内创建生态区，如清溪川的修复、东大门体育馆改建为城市公园等。首尔试图通过恢复其历史和文化遗产，如修复古城墙以及纳入朝鲜王朝的古都汉阳乡，来恢复其历史悠久的城市身份，并将首尔的许多景点列入联合国教科文组织文化遗产名录。

这一期间，《2030年首尔规划》出炉，为了解决与空间结构有关的问题（公众对提高生活质量的需求，地区之间贫富差距的扩大，首尔城市地区的扩张和吸收，全球大城市之间的激烈竞争等），该规划建议完善多核系统，重点在于其他地区与CBD（中央商务区）互联互通以及多核系统多样化功能的利用。

资料来源：Seoul Solution 官网.

世宗市采取由内而外的发展带动模式。在世宗市内设立“行政中心复合都市地区”为发展核心驱动，在核心周围划定“指定周边地区”作为发展核心所带动的辐射地带，同时，强化与周边重要城市的联结，形成都市群网络，发展“忠清都市群”。

行政中心复合都市地区被划分为6个组团，并进行空间规划和产业配置，通过中央行政部门的迁入提高吸引力，设立或者引进高科技企业、大学、研究所等，通过产学研集群构建开发计划。同时利用自然资源优势，建设公园绿地。在行政和公共服务上，按照“基础生活单元”配置，每个单元限制在2万～3万人，一共21个单元，每个单元都规划所需的学校、商业、住房、基础建设等设施。

行政中心复合都市地区向周边延伸4～5公里的范围，被划定为指定周边地区，约223.8平方公里，采取限制原则，以保护环境为主，避免像中心区那样进行大规模的开发。区域内包括东、西、南、北4个居住生活圈。

广域区域规划圈占地面积3 597平方公里，位于朝鲜半岛中部圈（包含首尔以南150公里的光州、大邱、釜山等韩国重要城市），主要涵盖忠清南道和忠清北道的大部分地区，即忠清都市群，是与首尔都市圈同等级的国家级都市圈。广域区域规划圈以行政中心复合都市地区为核心，连接周边各级城市发展，再向外扩张而成一张城市网络。以既有的两大都市圈，即大田市为主的“大田广域市”都市圈和清州市为主的“清州市清源郡”都市圈，来支持行政中心区的发展。

当然，世宗市的建立也受到一些质疑，如被认为这是双首都模式。目前来看，一是新都吸引力不足，暂时没有取得预期效果；二是将政府一分为二，导致办公效率低下。

◎ 世宗市建设经验对雄安新区的启示

新城区建设是大城市发展的必然过程，是减轻城市核心区人口承载压力、优化城市发展空间和格局、治理“大城市病”的重要途径。雄安新区的建设可以参考韩国世宗市的经验。具体来看，如下经验教训值得借鉴：

1. 合理定位，明确短、中、长期的建设重点

在区域层面，按照京津冀协同发展的要求，充分发挥非首都功能疏解作用；在城市层面，加强与北京、天津、石家庄、保定协同发展，明确自身定位，促进京津“做优”、河北中等城市“做强”、小城市“做大”；在地区层面，通过交通网络、基础设施建设，与周边地区协同发展，促进京津冀“多中心、网络化”的城镇空间格局形成。

正确认识雄安新区的资源优势和劣势，循序渐进，合理确定短、中、长期的建设重点。在建设的初期，明确雄安新区的历史定位：作为承接北京非首都功能的区域，应当严格控制房地产开发，控制落后产业的进入；力争用5年左右的时间，完善交通建设，降低雄安新区到北京的交通成本，加强城市基础设施建设，为承接北京产业转移做准备。在建设中期，利用未来10年左右的时间，完善居民生活便利设施，提高生活舒适度，在政府的引导下，完成部分行政功能、部分央企以及教育医疗资源的搬迁。在雄安新区建设的后期，利用20年左右的时间，完成北京的非首都功能转移，成为一座生活宜居、科技引领发展的新兴城市，成为京津冀协调发展的重要一极。总体规

划一旦确定就要坚持执行，避免短期政绩考核与城市长远利益不一致，将长远的总体规划和现实指导性有机结合起来，逐步实现由“新区”向“城市”的转变。

2. 正确处理政府与市场的关系，促进资源优化配置

政府和市场在资源配置、生产要素流动的过程中作用各有利弊。在雄安新区建设的不同阶段，应结合发展规律，正确处理政府和市场的关系。纽约新城的建立完全由市场主导，导致新城区郊区化、主城区影响力下降的“逆城市化”现象；巴西利亚迁都完全由政府主导，城市设计过于理想化，将城市整体布局设计成飞机形状，从而为人们的生活带来种种不便。韩国世宗市的建设则体现了更多的政府和市场的融合。

新城规划之初和开发建设过程需要充分考虑国情、主城和周边地区的区域发展阶段，正确处理主城区与周边城市的关系，做好产业分工和功能的合理定位。在新城建设的初期，充分发挥政府的引领和带头作用，成立专项资金，对于一些产业和企业进行优惠补贴。待新城具有一定的功能后，要发挥市场在资源配置中的决定性作用，未来新城产业发展的方向和人口的规模要依据城市资源的承载能力而定。在资金来源上，要调动民营资本的积极性，多发挥社会资金的集中优势，也可以成立新的投资公司，负责新区的规划。雄安新区的主要功能在于承载北京的非首都功能，但也要看到，短期内北京可以析出的资源

还是有限的，更为重要的是新区应该从首都获取能够提升自己核心竞争力的资源，缩短与北京的差距，吸引更多的优质资源。

3. 有序引导产业迁移，避免削弱大城市核心竞争力

新城建设非一日之功，需要遵循城市发展的内生逻辑，根据定位，有序引导产业迁入。新城建设应该根据不同的发展阶段与面临的情况及时调整。由于历史积累的要素基础和产业的路径依赖，大城市的吸引力较大，短期内难以有效地引导产业迁入。但也要避免采取强制的政治手段，过快疏解北京的产业结构，导致北京城区的吸引力快速下降。北京应该通过非首都功能的疏解，优化城市的空间结构，进一步提升在全球价值链中的地位和国际竞争力，把自己打造为具有核心竞争力的世界级大城市。

4. 以“人”为本，高标准培育优质公共服务功能

新区的建设，要以“人”为本，既要考虑到整体设计的美观，更要充分考虑到普通居民的需要。要重视公共服务配套与发展，建设水平一流、便捷完善的教育和医疗公共服务体系。要培育优质的公共服务功能。发展理念要由以服务“产业”为导向转变为以服务“人”为导向，由“生产、生活、生态”各自单一的功能区向统一协调的科技新城转变，提高居住的舒适度和便捷性，减少职住分离的规划设计。尽力避免巴西利亚的

城市设计模式，人为地将整个城市分割为行政、文化、居住等区域，忽视人的复杂需求以及城市未来发展的需要。

投资机会：地产投资看“节点”，产业投资看高端

◎ 房地产投资看好京津冀架构“多节点”的区域中心城市

未来京津冀的定位是以首都为核心的世界级城市群。发展架构是“一核、双城、三轴、四区、多节点”，推动有序疏解北京非首都功能，构建以重要城市为支点，以战略性功能区平台为载体，以交通干线、生态廊道为纽带的网络型空间格局。

北京市的定位是“全国政治中心、文化中心、国际交往中心、科技创新中心”。为疏解非首都功能，中期到 2020 年，北京市常住人口控制在 2 300 万人以内。2016 年末北京市常住人口 2 173 万人，已经基本接近中期规划的上限；而随后 2017—2019 年北京常住人口连续三年负增长，到 2019 年末已降至 2 154 万人。鉴于北京的未来主要是非首都功能疏解，人口难以出现大规模的增加，而且北京的房价已经位居高位，因此未来北京的房价难以出现大幅度的上涨，不具有增值功能，但随着北京首都核心功能的优化提升，北京的房地产仍具有保值

功能。

天津市的定位是“全国先进制造研发基地、北方国际航运核心区、金融创新运营示范区、改革开放先行区”。天津由于GDP增速出现断崖式下跌，所以产业结构转型较慢，仍以第二产业为主。在2015年开始的房地产上涨周期中，天津房价上涨幅度过高。目前，天津土地供给和土地交易额仍处于高位。但天津又拥有优质的基础教育资源，是全国的“高考洼地”，高考优势仅次于北京。因此，我们对天津的房地产市场整体持相对谨慎的态度，但相对看好有优质教育资源的学区房。

河北省的定位是“全国现代商贸物流重要基地、产业转型升级试验区、新型城镇化与城乡统筹示范区、京津冀生态环境支撑区”。雄安新区作为新城，房地产升值空间较大，但由于制度和政策的限制，很难成为投资品。我们最为看好京津冀发展架构的“多节点”城市，具体包括石家庄、唐山、保定、邯郸等区域性中心城市，未来这些城市将是产业和人口聚集之地。

通过与一体化程度相对较高的长三角对比，我们发现京津冀首都圈住宅价格最高值与最低值之比为7.6，长三角地区对应值为6.6；京津冀最高值与中位数之比为4.4，长三角对应为3。这说明京津冀都市圈主要城市之间的房价水平差异较大。因此，我们认为位于京津冀发展架构“多节点”的区域中心城市未来房价具有上涨空间，如石家庄、唐山、保定、邯郸。

◎ 产业投资看好环保、地热开发以及高端产业

雄安新区是我国新时代改革开放的试验田，致力于探索人口经济密集地区优化开发新模式，成为推动高质量发展的全国样板、建设现代化经济体系的新引擎。雄安新区建设的七大任务中，首要两项就是建设绿色智慧城市，打造优美生态环境。主城区重点发展人工智能、信息安全、量子技术、超级计算机等尖端技术产业。外围布局电子信息、生命科技、文化创意、军民融合等高端新产业，多节点布局网络智能、科技金融、文化创意等特色产业集聚发展。综合判断，环保、地热开发 、人工智能、智慧城市、大数据、量子技术等产业在雄安新区将有很大的发展前景。

第五章

高铁塑中三角：强化区位人口优势，发展新兴制造产业

中部地区是我国文明的发祥地之一，地域广袤，人口众多；但由于地处南北东西的交通枢纽位置，历来也是受战争影响最深重之地。多年以来，中部地区的经济发展水平显著落后于东部地区。所谓“中部崛起”“西部大开发”“振兴东北”等区域性发展战略，本就是试图缩小这些区域与东部区域在发展水平方面的差距。

我们对中部地区的区域研究包括山西、河南、湖北、湖南、安徽和江西 6 个省份，这中部六省位于我国版图的中心位置，横贯东西，连通南北。2006 年，“中部崛起”战略正式实施。在“中部崛起”战略实施的第一个 10 年里，中部地区的发展速度高于全国的平均水平，中部地区的经济比重持续提升。2016 年 12 月 7 日，国务院常务会议审议通过了《促进中部地区崛起规划（2016 至 2025 年）》，提出“一中心、四区”的战略定位，即“全国重要先进制造业中心、全国新型城镇化重点区、全国现代农业发展核心区、全国生态文明建设示范区、全方位开放重要支撑区”，力图“十三五”和“十四五”期间推动中部地区综合实力和竞争力再上新台阶，开创中部地区全面崛起新局面。

本章主要分析中部六省的资源禀赋、经济环境及投资机会，行文将分为四个部分：第一部分回顾中部六省经济发展的历史背景；第二部分梳理中部六省的资源禀赋优势、区域经济环境及核心优势；第三部分以北美五大湖城市群为例，分析其对我国中部六省建设的启示；第四部分根据国务院中部崛起最新规划，总结中部六省的发展方向，并在此基础上分析中部地区的发展给资本市场和房地产市场带来的投资机会。

历史背景：先强后弱曲折发展，中部崛起正当时

新中国成立以后，随着国家经济发展战略的调整，中部地区的经济建设地位也随之发生着较为明显的阶段性历史变化。

1949—1977 年是重点建设时期。新中国成立初期至改革开放前，新中国确立的全国均衡布局的发展战略使得中部地区成为重点建设地区。“一五”计划中苏联援建我国的 156 个项目有相当一部分建设在了中部地区，中部地区是仅次于东北地区的重点区域。“大跃进”时期，在大炼钢铁的风潮下，中部地区凭借其先期的重工业基础和劳动力优势，经济地位愈发凸显。

1978—2005 年是发展边缘化时期。改革开放之后，东部沿海地区优先发展、率先开放，经济开始迅猛腾飞；20 世纪末，

国家提出“西部大开发”发展战略，西部地区逐步获得更多的政策扶持；2003 年，国家又做出了“振兴东北老工业基地”的决策。这一时期，中部地区成为经济政策的“边缘区”，与其他地区相比无明显的政策优势。

2006—2016 年是中部崛起时期。2006 年国家提出“中部崛起”战略，要把中部建成全国重要的粮食生产基地、能源原材料基地、现代装备制造及高技术产业基地以及综合交通运输枢纽（三基地、一枢纽）。“中部崛起”成为继东部沿海开放、西部大开发和振兴东北老工业基地之后又一重要的国家经济发展战略。

2016 年至今，是中部崛起新规划时期。2016 年 12 月 7 日，国务院常务会议审议通过了《促进中部地区崛起规划（2016 至 2025 年）》。新规划在继承原有“三基地、一枢纽”的定位基础上，进一步提出了“一中心、四区”（全国重要先进制造业中心、全国新型城镇化重点区、全国现代农业发展核心区、全国生态文明建设示范区、全方位开放重要支撑区）的战略定位。至此，中部崛起战略地位进一步提升。

观察中部地区在全国 GDP 占比数据，我们也可以看到明显的阶段性变化。

第一阶段：新中国成立初期至改革开放前（1949—1977 年），中部地区 GDP 占比先升后降再波动。新中国成立初期，地理条件、前期经济基础均不错的中部地区成为新中国经济建设的起点，“一五”计划中的苏联援建及“大跃进”时期的大炼钢铁风潮都促使中部地区的重工业迅速发展，其占全国经济的比重亦持续提高，GDP占比从1952年的21.52%升至1960年的23.17%，达到历史最高水平。随后“三线建设”开展，大量投资朝西部地区倾斜，中部地区的工业地位遭到撼动，中部地区GDP占比持续下滑，降至1964年的19.63%。随后的13年间，中部地区依靠其劳动力众多、农业基础好等固有优势稳步发展经济，但发展速度始终不快，其在全国GDP的占比也在波动中缓缓回升，达到1977年的20.39%，逐渐恢复到新中国成立初的水平。

第二阶段：改革开放至20世纪90年代中期（1978—1994年），中部地区GDP占比持续下跌。改革开放的春风使得各地区经济均迎来了新的发展阶段。受益于改革开放后经济活力的复苏，1977—1983年，中部地区经济增速超过了全国平均水平，其GDP占比也升至1983年的22.63%，几乎逼近历史最高水平。不过，在随后的11年间，东部地区依靠其沿海的地理位置优势，对外引进外资，对内搞活市场经济，成为改革开放的最大受益者，经济增速领跑全国，其GDP占比也从1984年的43.47%升至1994年的47.79%。与此同时，地理位置靠内陆的中部地区发展速度较慢，GDP增速甚至落后于全国平均水平，GDP占比也在1994年降至17.81%的历史最低水平。

第三阶段：90年代中期至今（1994—2019年），中部地区GDP增速先慢后快，逐步提升。1991—1994年，中国经济在GDP连续高速增长的同时，出现了物价全面上涨、金融秩序混乱、资产价格迅速膨胀等问题。为了防止经济过热，国家连续出台了金融体制改革、税制改革、外汇管理体制改革等一系列措施使经济降温。1994年之后全国经济增速明显放缓，在此期间，中部地区的经济发展表现尤为稳健：其经济增速略快于全国平均水平，GDP占比也缓步提升至2005年的19.99%。而在2006年"中部崛起"战略正式实施之后，中部地区的经济发展显著提速，其GDP占比也提升至2018年的21.86%。

经济环境与资源禀赋：区位四通八达，人口红利巨大

中部地区地域广袤、人口众多；其城市化水平较低，且以中等城市为主；经济发展水平不高，消费与出口的发展相对偏弱。基于此，中部地区的核心优势主要包括：地理位置居中、四通八达，人口众多导致劳动力成本低廉，自然资源丰富等。

◎ 中部概况：地域广袤，人口众多，但经济发展水平不高

中部六省地域广袤，人口众多。中部地区包括山西、河

南、安徽、湖北、江西、湖南六个省份，整体面积为102.79万平方公里，占全国总面积的10.67%。中部地区六省的总人口为3.71亿，约占全国人口的26.6%。

城市化水平较低。中部六省3.71亿人口中的2.06亿为城镇人口，城市化率仅为55.5%，低于全国平均水平4.39个百分点。按省份来看，中部地区只有湖北省的城市化率略高于全国平均水平，其他各省城市化率均在全国平均线下。

城市规模以中等城市为主。中部地区总共拥有地级以上城市80个，占全国总量的26.94%，但这些城市以市辖区总人口50万～200万的中等城市为主，市辖区总人口400万以上的城市只有武汉1个（全国共有17个）。

经济发展水平不高，消费与出口的发展偏弱。2018年中部地区人口占全国总人口的26.6%，但六省GDP仅占国内总量的21.86%。中部地区人均GDP与全国平均水平差距较大。2018年，全国人均GDP为65 880元，而中部六省人均GDP为54 156元，其中仅有湖北省以71 019元的人均GDP略超全国平均水平。结构上，中部地区固定资产投资总量占全国的比重为28.28%，但出口总额占全国总出口的比重仅为8.1%，各省人均消费支出也不及全国平均水平（见表5-1）。

表 5-1　　中部六省重要经济指标汇总

地区	全国	中部	河南	湖北	湖南	安徽	山西	江西
人口（2018，万人）	139 538	37 110	9 605	5 917	6 899	6 324	3 718	4 648
人口占比	—	26.60%	6.88%	4.24%	4.94%	4.53%	2.66%	3.33%
面积（2018，万平方公里）	963.41	102.79	16.70	18.59	21.18	13.96	15.67	16.69
面积占比	—	10.67%	1.73%	1.93%	2.20%	1.45%	1.63%	1.73%
GDP（2018，亿元）	919 281	200 973	49 936	42 022	36 330	34 011	15 958	22 717
GDP 占比	—	21.86%	5.43%	4.57%	3.95%	3.70%	1.74%	2.47%
人均 GDP（2018，元/人）	65 880	54 156	51 989	71 019	52 661	53 784	42 917	48 878
固定资产投资（2018，亿元）	635 636	179 737	47 445	35 379	34 461	32 217	6 048	24 187
固定资产投资占比	—	28.28%	7.46%	5.57%	5.42%	5.07%	0.95%	3.81%
出口总额（2018，亿元）	164 129	13 288	3 579	2 253	2 027	2 394	810	2 224
出口总额占比	—	8.10%	2.18%	1.37%	1.23%	1.46%	0.49%	1.36%
人均消费（2018，元）	26 112	22 020	20 989	23 996	25 064	21 523	19 790	20 760

资料来源：Wind，平安证券研究所．

◎ 核心优势：交通枢纽众多，人口优势明显

四通八达，交通便利。中部区域地理位置居中，其区位特点决定了中部能够起到承接东部发展和西部开发的“中间区域”

功能，一方面对东部沿海进行产业承接，另一方面对西部地区发挥辐射作用，进行产品输出。中部地区交通体系十分发达，拥有铁路、高铁、公路、航空、地铁、水运、管道等综合交通枢纽体系。以高铁时代风头最劲的郑州与武汉为例，“十三五”规划将郑州定位为国际性综合交通枢纽，数十条国家高铁干线在河南交汇；郑州东站是全国唯一的一座“米”字形高铁枢纽，郑州北站是亚洲最大的列车编组站，郑州站是全国最大的客运站之一，素有中国铁路心脏之称。“十三五”期间，湖北省计划将武汉建成长江中游航运中心、全国铁路路网中心、全国高速公路网重要枢纽、全国重要门户机场、全国重要物流基地，加速构建以武汉为中心的“米”字形高铁网。

人口众多，劳动力成本低廉，内需市场庞大。中部六省占全国总面积的10.7%，但总人口占全国人口的26.6%，劳动力资源优势显著。相对较低的人均GDP水平和城市化率也意味着中部区域的劳动力成本相对低廉，可挖掘的人口红利空间较大，而目前中部地区并不发达的经济水平也蕴含着较强的发展潜力。

中部地区自然资源丰富。中部地区整体自然生态环境良好，水资源与森林资源丰富。中国最重要的三大河流——长江、黄河、淮河都流经中部，水资源总量占全国的23.5%。中部地区森林总面积占全国总量的21.52%，森林覆盖率达36.4%，高于全国平均水平近15个百分点。矿产资源方面，中部六省煤炭、锰、铜、硫铁和磷的储量丰富，分别占全国总量的40.2%、36.4%、47.4%、30.1%和35.3%，山西、河南和安徽的煤炭储量分别居全国第一、第六和第七位。

国际经验：以点带面，多元发展

北美五大湖城市群的规模、资源、发展历程与中部六省均有一定的相似之处。五大湖区依靠丰富资源形成城市群，在经历了第二次世界大战结束后的发展衰退之后，通过多元化战略，实现了区域经济的复兴。其对我国中部地区的发展启示主要有三个方面：一是以省会城市为中心，重视区域交通体系的建设；二是优先发展省会城市，以点带面，实现区域协同发展；三是充分结合本区域的资源禀赋、产业基础，重视多元化发展战略。

◎ 北美五大湖：依靠丰富资源形成城市群，衰退后多元化发展实现复兴

中部地区占地之广，人口之多，市场规模之大，资源禀赋情况之分化，使得在国际上很难找到一个发展成熟的区域与中部六省完全可比。北美五大湖城市群的规模、资源、发展历程与中部六省有一定的相似之处，因此其发展经验能够给中部六省未来的发展带来一定启示。

北美五大湖城市群是依托美国和加拿大之间五大湖区形成的城市群，分布于五大湖沿岸，从芝加哥向东到底特律、克利夫兰、匹兹堡，并一直延伸到加拿大的多伦多和蒙特利尔，由密尔沃基—芝加哥走廊延伸至底特律—多伦多走廊。这片地区东西跨度约 1 500 公里，南北跨度约 1 100 公里，占地面积 94 250平方英里，人口约为6 000 万。五大湖沿岸丰富的资源和充足的水源使其周围聚集了诸多城市并建立了庞大的工业体系。其中，较为著名的城市有美国的芝加哥、底特律和加拿大的多伦多、蒙特利尔等，是世界上著名的城市化区域之一；而发展较为成熟的工业行业包括钢铁、汽车等，钢铁集中在匹兹堡，汽车集中在底特律及周围地区。美国三大汽车公司通用、福特和克莱斯勒都位于此区域，其产量和销售额占美国总数的 80%左右，形成一个巨大的世界工厂。

北美五大湖城市群与我国中部六省的相似之处表现在三个方面。在规模上，中部地区跨越六省，占地面积较大，人口众多；而北美五大湖城市群作为世界上最大的城市群之一，也具有占地面积较大、人口较为密集的特点。从资源禀赋来看，中部六省承接南北、连通东西，占据区位之便，铁路公路交通十分便利，劳动力充沛，矿产等自然资源丰富，市场也十分庞大；而北美五大湖城市群依托众多湖泊与天然港湾，交通便利，煤矿、金属、水资源丰富，劳动力尤其是制造业劳动力也相对充沛。从发展历程上看，中部六省曾经是新中国经济建设的起点，后由于经济政策的边缘化，发展相对滞后，在“中部崛起”战略实施后经济发展有了进步；而北美五大湖区也经历了城市群的形成和衰退，并通过产业转型实现了复兴，两者的发展路径都是曲折中前进、蜿蜒式发展。

北美五大湖沿岸丰富的自然资源和出色的禀赋是五大湖城市群发展的前提，这可以大体概括为以下五个方面：（1）煤矿、金属资源丰富。北美五大湖漫长的湖岸分布着大量煤田和金属资源，湖东面的阿巴拉契亚山地是美国最重要的煤田，其储量占全国的一半；苏必利尔湖的西面和南面是美国重要的铁矿产区，蕴藏量约占美国的80%。（2）劳动力增长迅速。南北战争之后，工业化成为促进人口增长和城市化发展的主要推动力，1865—1890年，芝加哥人口增长10倍（制造业就业人数增长30倍），克利夫兰、底特律、密尔沃基的工业劳动力人数增长也至少相当于其总人口增长的两倍以上。（3）水上交通便利。密歇根湖很少全部封冻，几个港口之间全年有轮渡往来；五大湖沿岸有众多天然港湾，同时在此基础上修建大量运河、人工港口，水运价格十分低廉。（4）城市规模扩大迅速。工业化的迅猛发展使很多城市在短时间内完成了“小城市—中等城市—大城市”的过渡，原有大城市规模不断扩大，空间上表现为市区范围不断扩大，使得若干孤立的中小城镇迅速发展成为一个完整、有机的城市体系。（5）资本主义发展社会基础良好。北美五大湖是欧洲移民最先到达的地区，是资本主义发展最早的地区，文化交融，思想开放，资本主义经济发展的社会基础良好。

北美五大湖城市群的发展历程曲折，经历了形成、衰退、复兴三大阶段。我们进行一个大致梳理：

城市群形成阶段：20世纪初期，世界经济增长中心从西欧向北美转移，北美五大湖流域内的城市迅速发展扩张，形成五大湖城市群。20世纪60年代以来，五大湖区成为北美极为重要的重工业带，形成了芝加哥、克利夫兰、底特律、德卢斯、托利多五大钢铁工业中心。北美五大湖城市群与美国东北部大城市群共同构成北美发达的制造业带，是北美工业化和城市化水平最高的区域，其钢铁和汽车产量都占到北美的60%。此外，五大湖区还是美加两国重要的农业基地和渔业基地。

城市群衰退阶段：北美五大湖城市群经历了经济的快速发展后，在第二次世界大战结束后开始步入衰退。城市由功能型向郊区化发展，产业的郊区化和人口的逆城市化，逐渐形成了多中心的城市空间结构；中心城市经济地位丧失，经济增长减缓甚至出现负增长。

城市群复兴阶段：从20世纪80年代开始，五大湖城市群地区实施了地区经济多元化战略，调整优化产业结构，积极发展高新技术产业、现代服务业、休闲旅游业等，同时进行基于产业结构转型的环境治理。地区经济多元化战略奏响，农业及其加工业开始有了稳步增长，人口由净移出转化为净迁入，五大湖城市群在经历了城市化水平较高和经济结构调整背景下的“逆城市化”之后，又出现了“再城市化”的趋势。很多大都市区成功地由制造业中心转变为管理咨询、商务、法律、贸易、旅游等服务业中心：底特律为汽车业研发中心；印第安纳波利斯为体育旅游中心和空运与维修中心；芝加哥为会展中心，同时发展艺术产业，引导城市休闲旅游产业的主题化发展，并成为全球最大的金融衍生产品交易市场，为仅次于纽约的美国第二大金融中心；加拿大蒙特利尔被联合国授予“设计之城”称号；多伦多作为加拿大的经济核心城市也转向知识型经济发展。

◎ 国际经验启示：重视交通体系的建设，以点带面，重视多元化发展战略

以省会城市为中心，重视区域交通体系的建设。北美五大湖城市群发展的经验证明交通体系结构对于区域发展有重要影响。首先，便利的交通是北美五大湖城市群发展起来的基础禀赋；其次，城市交通体系结构对于区域内城市形态空间的扩展具有指向性的作用；最后，大城市依靠交通对周围地区产生辐射作用，催生卫星城市、新城市，进而改变原有城市群的结构。

我国中部地区应以郑州、武汉、合肥等省会城市为中心，加快高铁铁路网的建设，强化省会城市交通枢纽地位，以交通之利带动区域发展。

优先发展省会城市，以点带面，实现区域协同发展。北美五大湖城市群最初的经济中心在芝加哥、克利夫兰、底特律等少数几个港口城市；随着城市规模不断增大，辐射效应逐渐增强，并依靠主要交通干线将核心城市经济中心连接起来，最终形成了区域内有密切联系的产业功能网络，实现了区域发展一体化。我国中部地区也应着力发展省会城市经济，打造区域内的经济核心城市，利用交通纵深，以点带面，最终辐射到整个中部地区，实现协同一体化发展。

充分结合本区域的资源禀赋和产业基础，重视多元化发展战略。北美五大湖城市群正是通过区域多元化发展战略实现了复兴，许多大都市也成功地由之前的制造业中心转变为管理咨询、商务、法律、贸易、旅游等服务中心。一方面，多样化发展要充分结合本区域的资源禀赋和产业基础，找到最适合自身的发展道路；另一方面，这种多元化发展也构成了城市群产业错位发展的基础，减少区域内竞争，有助于区域长久繁荣。中部地区六省之间资源禀赋、发展状况差异性很大，不能以统一的模板进行发展，必须结合自身情况，制定有特色的区域发展策略，实现区域多元化协同发展。

投资机会：新兴产业与武汉、郑州、长沙楼市颇具看点

根据国务院发布的中部崛起规划，我们可以总结出中部六省发展的四个方向。中部地区具有一定的产业基础比较优势及科教人才优势，有利于产业转型与发展新兴产业。从区域上，我们看好郑州、武汉、合肥三地及其构成的三角区域的产业发展机会。而在房地产方面，我们看好武汉、郑州、长沙三地的投资前景。

◎ 中部六省的发展方向展望

2016 年国务院发布了《促进中部地区崛起规划（2016 至 2025 年）》，中部地区“一中心、四区”的最新战略定位，实际上是承自原有的“三基地、一枢纽”的基础定位。结合文件内容，我们梳理出中部地区未来发展的几个潜在方向：

第一，以省会城市为中心，加快高铁铁路网建设，强化综合交通运输枢纽地位，加快物流基础设施建设，打造区域性甚至全国性物流节点城市。以郑州、武汉、合肥、长沙等省会城市为重点，加快高铁铁路网建设，尽快建成连贯东西、汇通南北的高铁铁路网，并依托铁路网强化省会城市交通运输枢纽地位，以交通优势增强中部六省省会的不可替代性；依靠中部先

天的区位之利与后天的交通之利，加快现代物流基础设施建设，将郑州、武汉、合肥等省会城市打造成为区域性甚至全国性物流节点城市。

第二，依托劳动力、土地、需求、区位等优势，积极承接东部沿海地区的产业转移。中部地区承接东部沿海等发达地区的产业转移是我国区域经济结构调整的应有之义。从劳动力成本角度，东部沿海地区的劳动力成本在越过刘易斯拐点后不断攀升，且东部沿海工厂普遍出现用工荒；而中部地区拥有较为充裕的劳动力，劳动力成本也更加低廉。从土地角度，相比于东部紧张的产业用地，中部的土地资源相对丰富，土地使用成本也相对较低。从需求角度，中部地区人口众多，本身就拥有巨大的内需市场，可以有效消化产业供给。从区位角度，中部地区连贯东西南北，且铁路、公路等交通发达，承接产业转移的运输成本低且具有产业转移完成后辐射全国的能力。

第三，发展先进制造业，重点发展新兴产业。中部地区工业基础好，产业门类齐全，特别是最近 10 年表现出成为先进制造业中心的潜力：一是中部地区现代装备和高技术产业快速发展，二是中部省份普遍存在人力资源成本优势，三是湖北武汉、安徽合肥等地具有科教人才优势与高新技术开发优势，四是以山西省为代表的省份具有煤炭等能源优势。具体而言，以新一代信息技术、新能源汽车、先进轨道交通、航空航天、新材料、现代生物医药、现代种业等为代表的新兴产业应当是中部地区重点发展的产业。

第四，农业大省属性不改，积极发展现代农业，继续为国家粮食安全和全国农产品供给提供有力保障。中部地区粮食产量占全国的30%，棉花、油料等主要农产品产量占全国的40%，中部地区的农业对全国农业的影响可以说是举足轻重的，且这一地位在较长一段时间内都不会改变。农业大省依然是河南、湖南、湖北等中部省份日后发展的重要属性之一。因此，河南、湖南、湖北等中部省份未来要继续大力发展现代农业，提高粮食综合生产能力，改造基本农田，培育优良品种，加快农业结构调整，提升农业产业化经营水平，在中部地区实现农业现代化的同时，也继续为国家粮食安全和全国农产品供给提供有力保障。

◎ 受益行业及产业：先进制造业、环保、现代农业、新兴产业

除上文反复提及的土地和劳动力优势之外，中部地区的产业发展空间和科教人才优势，也有利于其产业结构转型和新兴产业发展。一方面，相比经济发展水平高、产业种类齐全的东部沿海地区，中部地区有相当一部分产业的发展还处于初级阶段，具有蓝海效应，竞争不充分，资本增值空间较大；同时中

部地区原有的重工业较少，产业转型的成本较低。另一方面，中部地区科教、人才资源的绝对量很大，区域内高校数约占全国高校总数的 24.7%，高校在校生数占全国高校在校生的 25.2%，尤其武汉、合肥两个科技大市在近年来的表现非常亮眼。以武汉为例，其属于中国四大科教中心城市之一，拥有教育部直属全国重点大学 7 所、国家实验室 3 个、国家重点实验室 26 个，高新技术企业数量位居同类城市前列，是名副其实的科技大市。中部地区显著的科教人才优势有利于发展科技含量高的新兴产业。

在产业发展的具体方向上，我们梳理了《促进中部地区崛起规划（2016 至 2025 年）》中的九项主要任务，能够大体总结出中部地区相关的行业与未来有发展潜力的产业方向，主要包括：先进制造业、现代服务业、环保行业、现代农业，以及新一代信息技术、新能源汽车、先进轨道交通、航空航天、新材料、现代生物医药、现代种业等重点新兴产业。

在产业发展的重点区域方面，我们看好郑州、武汉、合肥三地及其构成的三角区域的产业发展机会。首先，三地均是我国高铁时代重要的交通枢纽，借交通便利之东风，三地构成的区域三角不仅相互之间产业联系越发紧密，而且具有较强的对外产业辐射能力；其次，三地科教人才优势突出，产业基础相对于中部其他省会城市亦更为坚实，有利于产业转型与发展新兴产业；最后，三地在城市战略中定位较高，在国家重要的工业基地、国家重要的科研教育基地、国家重要的现代制造业基地三大定位中至少占据其一，未来发展政策支持力度较大。

◎ 楼市投资前景：武汉、郑州、长沙潜力较大，合肥楼市后继乏力

最后，我们讨论中部六省省会城市的房地产市场。首先从城市定位、房价现状、土地供给、人口流动等方面分析各城市房价变动的原因，再进一步展望各城市未来房价的走势。

1. 城市定位

城市定位是国家对城市的中长期规划发展目标，在一定程度上反映了城市的发展方向与潜力，短期也会成为房地产商炒作房价的概念和购房者对未来房价看好的心理基础。

综合对比六大省会城市的定位，郑州、武汉、合肥定位最高，未来发展潜力较大。从城市战略看，郑州、武汉均为国家中心城市，合肥是长三角城市群副中心城市。从交通看，三者均属国家重要的综合交通枢纽，高铁建设高度发展，是区域内甚至全国的高铁枢纽城市。从城市群看，郑州独占中原城市群，武汉与长沙、南昌共享长江中下游城市群，合肥更是属于经济发展水平甚高的长三角城市群，和苏州、杭州同列。从产业基地看，武汉是国家重要的工业基地、科教基地，合肥是国家重

要的科研教育基地、现代制造业基地，这两个城市均是未来中国科研教育、工业、现代制造业重镇。长沙和南昌定位稍弱，两者与武汉同属长江中下游城市群，同是长江中游地区重要的中心城市，此外长沙还是长株潭城市群的带头城市。太原定位最弱，未能成为国家中心城市，仅属山西中部城市群，虽是以能源、重化工为主的工业基地，但深受煤炭产业的衰败所累，经济发展潜力有限。

2. 房价现状

为兼顾数据的可得性与可比性，我们用六大省会城市商品房销售额除以销售面积来得出商品房销售均价，并对 2002 年至 2018 年年底的数据进行分析。中部地区主要城市的房价走势具备以下特征：

（1）中部省会的房价起点均不高。2002 年，六大省会城市商品房销售均价都在 2 000 元/平方米左右，其中郑州与太原略高于 2 000 元/平方米，其余各城市均低于 2 000 元/平方米。六大城市之间房价差异并不大。

（2）随着中国经济和商品房市场的发展，中部省会城市房价开始出现分化。其中，武汉的表现最为亮眼，其房价自 2002 年开始维持正增长，是六个城市中房价上涨势头最为持久的城市；截至 2018 年底，武汉商品房均价 13 108 元/平方米，是中部省会中最高的。郑州的房价在 2013 年之前涨幅表现较好，但在 2014—2015 年经济下行期房价有明显回调，且在 2016—2017 年的房价上行期涨势较弱，导致当前房价绝对水平不高。相比之下，合肥则是典型的后来居上，其房价在 2013 年之后大幅上涨，尤其在 2016—2017 年迅猛攀升，截至 2018 年已升至 12 147 元/平方米，居于中部省会第二位。南昌从房价水平、涨幅等多个角度看都中规中矩，位于中部省会中下水平，值得注意的是近 10 年间南昌房价有两次比较明显的下跌，分别发生在 2008 年金融危机和 2014 年经济下行压力增大期间。太原房价的波动较为明显，2002 年至今既有两位数以上的高速增长，也有多次出现负增长的年份；但 2017—2018 年，太原房价涨势明显，到 2018 年末已升至 11 041 元/平方米，居于中部省会第三位。长沙的房价水平一直不高，2002 年长沙房价 1 814 元/平方米，在中部省会中排名第四，近 10 年间上涨幅度一直低于中部省会的平均水平。截至 2018 年，长沙商品房销售均价 8 166 元/平方米，在中部省会中最低。

（3）截至 2018 年，中部省会城市的商品房销售均价水平大致可分为两个梯队。第一梯队是武汉、合肥、太原，三个城市房价均在 1 万元/平方米以上；第二梯队是郑州、南昌和长沙，房价在 8 000 元/平方米左右。

3. 供需分析

从土地供给的角度看，长沙供给过于宽松，近期有所收紧；

合肥与太原供给较紧；郑州供给持续放松。考虑到住宅用地土地供给面积与常住人口的关系，我们考察六大省会住宅用地供给面积与常住人口的比值，可得出特征如下：长沙在2010—2013年土地供给相当宽松，2015年之后才有明显收紧；土地供给过于宽松，可能是长沙房价长期偏低的最主要原因，也直接导致了长沙房地产去库存周期较长。合肥与太原土地供给一直偏紧，这也是两个城市在最近一轮房价上涨周期中表现亮眼的原因之一。郑州土地供给持续放松，尤其在2014年之后是六个省会中土地供给最为宽松的，这也与郑州房价在2014年之后涨幅趋缓的特征相一致。

从人口流动角度看，郑州人口流入最多，长沙、武汉次之，南昌面临人口流出压力。一个城市的在校小学生人数能侧面反映其人口流动情况，原因在于，我国小学以走读制为主且入学率接近100%，而城市中在读小学生的父母往往在其就读小学所在城市工作，小学生数量变动能够大致反映常住人口数量的变动。此外，小学生人数是教育部门实名统计得出而非按照样本估计的，数据准确度较高。从小学生绝对人数上看，郑州在校小学生人数最多，其次为长沙、武汉、合肥、南昌，四者小学生人数大体相当，太原小学生人数最少。从小学生人数增幅上看，2011—2016年五年间，郑州遥遥领先其他城市，其次是长沙和武汉，三个城市小学生人数增幅都在两位数以上，说明其人口流入的规模较为可观；合肥与太原小学生人数在五年间仅有个位数增长，表明其人口流入状况较为一般；南昌表现最差，五年间小学生人数呈现负增长，一定程度上可以说明南昌面临人口流出的压力。

4. 房企拿地分析

房地产企业作为房地产市场中的参与主体，对房地产行业动态了解相对全面，对区域房地产市场的前景判断也相对准确；且当前房企普遍面临资金面相对紧张的问题，这使得房企拿地更加谨慎。因此，房企拿地的城市布局对判断区域房地产市场前景有较强的参考意义。从土地成交总价看，2019 年武汉土地成交总价 1 766 亿元，排名全国第四，且同比增速高达 28%；从规划建筑面积看，武汉、郑州分别以 4 387 万平方米、3 417 万平方米排名第一和第七。可见，在中部六省会中，主流房企对武汉、郑州两地更为看好。而两个城市较快的经济发展速度、便利的交通、较为完善的城市配套，又将吸引大量人才流入，为两地的经济和房地产市场发展注入新的活力。

5. 结论

总结来看，武汉、郑州定位高，交通便利，未来发展潜力大，人口总量较大且仍在持续流入，房价有较好的支撑；房企拿地数据显示开发商对这两个城市较为青睐。但郑州由于土地供给持续趋松，房价后续的涨幅可能弱于武汉。合肥定位高，交通便利，发展潜力同样大，前期土地供给过紧导致房价大涨，但人口流入状况一般，中长期内维持房价高增长的支撑力度不足。长沙定位略弱，但交通便利，发展潜力较强，人口流入也较多；且由于前期土地供给过松，近期大幅缩减供地，房价补涨可能性较大。南昌各项指标均中规中矩，但人口流出的压力较大，长期可能对房价形成压制。太原城市定位较弱，人口流入水平一般，且深受煤炭产业的衰败所累，经济发展潜力有限，在中部省会城市中房价前景较为一般。综上，我们看好武汉、长沙、郑州的房地产投资机会。

第六章

新时代西三角：分工明确、错位发展，教育、科研助力腾飞

中国西部地域辽阔，覆盖中国的陕西、四川、云南、贵州、甘肃、青海、广西、宁夏、西藏、新疆、内蒙古以及重庆市，共12个省、区、市，占全国土地面积的71.4%。而西部地区中，由四川、陕西、重庆组成的西三角城市群有望成为引领西部地区的新增长极。虽然从人均GDP的角度来看，西三角区域并不富裕，但其具有较高的增长动能，投资、消费增速均高于全国水平，产业结构也在不断优化调整；与此同时，西三角区域交通基础设施完备，人文旅游资源丰富，教育资源也颇具优势，未来发展潜力巨大。

本章主要分析西三角区域的资源禀赋、经济环境及投资机会，行文将主要分为四个部分：第一部分回顾西三角区域的历史背景；第二部分分析西三角两省一市的区域经济概况和核心资源禀赋优势；第三部分则以美国东北部城市群为例，分析其对西三角两省一市建设的启示；第四部分根据国务院对西部大开发和城市群的最新规划，总结西三角两省一市的发展方向，并在此基础上分析西三角地区的发展给资本市场和房地产市场带来的投资机会。

历史背景：西部大开发与西三角经济区的成型

◎ 西部大开发战略成果显著

中国西部地域辽阔，覆盖中国的陕西、四川、云南、贵州、甘肃、青海 6 省和广西壮族自治区、宁夏回族自治区、西藏自治区、新疆维吾尔自治区、内蒙古自治区以及重庆市，共 12 个省、区、市，占全国土地面积的 71.4%。

随着改革开放后中国确立“效率优先”的发展战略和优先发展东部沿海地区的政策布局，中国各区域经济之间的差距持续扩大。20 世纪 90 年代初，中央政府区域政策目标由以经济效率为中心转向“效率优先，兼顾公平”，明确指出要扶持西部发展。1992 年，国务院决定进一步开放长江沿岸城市，重庆位列其中。同年，国务院还决定开放部分边境地区和内陆地区省会城市，其中包括西部地区的昆明、乌鲁木齐、南宁、呼和浩特、成都、贵阳、西安、兰州、西宁和银川。2000 年 1 月，西部地区开发领导小组正式成立，西部大开发的序幕正式拉开。经历了“十五”“十一五”“十二五”规划后，西部地区的经济已经取得长足发展。截至 2018 年，西部地区的 GDP 已达到

184 302 亿元，占全国 GDP 的比重由 2000 年的 17.23%上升到 2018 年的 19.82%，工业增加值占比也由 2000 年的 13.62%上升到 2018 年的 23.69%。

西部大开发战略有效促进了西部地区社会经济的发展，地区整体经济实力显著提升，基础设施不断完善，产业发展和科技教育领域均取得一定成就。但是，西部与东部发达地区的经济状况仍存在显著差异：从人均 GDP 水平来看，东部地区在 2000 年为西部地区的 3.05 倍，而到 2016 年这一数字仍有 2.62 倍之多，这意味着西部与东部地区之间的差距并未因西部大开发战略而有效收窄。同时，西部地区内部各省（区、市）之间也存在发展不平衡的问题：2016 年全国人均 GDP 为 53 935 元，西部地区仅内蒙古自治区和重庆市人均 GDP 高于全国平均水平，其他 10 个省、区均低于全国人均 GDP，其中甘肃省人均 GDP 为 27 643 元，仅为全国平均水平的 1/2。

◎“西三角”逐步成型：“成都＋重庆＋西安”有望打造新增长极

《西部大开发“十一五”规划》中明确提出优先发展广西北部湾经济区、关中-天水经济区和成渝经济区，并将这三个经济区分别作为西南地区和西北地区的增长引擎。其中，成渝经济区已经成为西部地区经济最发达、产业较为集中、最具发展潜力的经济区；而广西北部湾经济区和关中-天水经济区无论从经济总量还是产业规模上都与其有较大差距。由于西部地区整体地域广阔，仅靠成渝经济区无法拉动整个西部地区的发展。2009 年全国两会期间，时任重庆市常务副市长黄奇帆在重庆代表团讨论时提出建立以重庆、成都、西安三座大城市为核心的西三角经济区，引发社会各界人士的关注热议。

区域经济的发展常常遵循由点及线再到面的路径。西部地区的成都、重庆和西安等大城市是点状发展，成渝经济区、关中-天水经济区以及北部湾经济区是连点成线的带状发展，而西三角经济区则把西部地区经济实力最强和最具发展潜力的成渝经济区和关中-天水经济区连线成面。与原先西部地区较为分散的经济区相比，西三角经济区无论在覆盖范围、功能还是战略地位上都具有显著优势。首先，从覆盖范围上看，西三角经济区以成都、重庆和西安三大核心城市为轴心，在其基础上，进行分梯度辐射。辐射范围不仅包括原先关中-天水经济区和成渝经济区的部分，还将原先分割西部南北区域的秦岭屏障涵盖其中。其次，在功能上，西三角经济区不仅包括了原先成渝经济区和关中-天水经济区的所有功能，还承担了如“建设内陆开放高地”等新功能，此前在重庆和成都试点的国家统筹城乡综合配套改革也将向西三角经济区内的其他城市推进。最后，在战略地位上，随着“一带一路”倡议的提出和推进，2017 年商务部在陕西省、四川省和重庆市设立了中国第三批自贸区，西三角经济区除了担负着拉动整个西部地区经济崛起的重任外，还是中国与“一带一路”倡议沿线国家交流与合作的窗口和通道。

当前西部大开发战略进入“十四五”时期，正是西部地区转型升级的关键阶段。在中国经济进入新常态的新形势下和对外开放已由沿海开放转为内陆开放、向西开放的新格局下，西三角经济区在西部大开发战略和“一带一路”倡议深入推进中，与丝绸之路经济带和长江经济带等区域的发展战略统筹衔接，坚持创新驱动和产业升级道路，加大对外开放力度，推动整个西部地区社会经济可持续发展。西三角经济区正迎来新的发展机遇和产业升级道路，打破地理壁垒和上下游限制，成为中国西部经济增长新引擎和经济新高地，并有望成为继长三角、珠三角和京津冀三大增长极后中国经济第四增长极。

经济环境与资源禀赋：旅游资源与科研优势突出

我们首先讨论西三角经济区的区域经济特点和核心资源优势。区域经济方面，西三角经济分量占全国的比重、产业结构在逐步改善。而西三角经济区的核心资源优势主要有三方面：一是教育科研资源集中，利于区域内产学研合作发展；二是水运、航空、铁路等交通基础设施较为完善；三是历史文化悠久，人文旅游资源丰富。

◎ 西三角经济概况：富裕程度仍相对低

学界和政界对于西三角经济区的范围划分有不同看法，最为大家普遍接受的是：西三角经济区首先以成都、重庆和西安三个核心城市为经济增长点，以地面交通1～2小时为半径，按照点轴模式进行第一轮梯度辐射，形成中心城市群；其次在三个中心城市群的基础上向秦巴经济带进行第二轮梯度辐射；最终形成的区域覆盖四川省、重庆市和陕西省的大部分区域。在本节中，我们以这两省一市作为分析对象。

西三角经济区包括四川省、陕西省和重庆市，总面积为77.2万平方公里，占中国领土面积的8%左右；总人口15 307.2万人，占全国总人口的10.97%（2018年数据）；2018年三地GDP为85 479.6亿元，占全国GDP的9.49%；但在人均GDP上，西三角两省一市中，四川与陕西均低于全国平均水平。

经济结构上，西三角地区经济的状况属中规中矩。固定资产投资完成额在全国占比12.67%，社会消费品零售总额占比9.23%，与其9.49%的GDP占比和10.97%的人口占比大致相当（见表6-1）。不过，西三角地区增长势头相对迅猛：2018

年该地区两省一市固定资产投资完成额、社会消费品零售总额平均增速分别达到 9.20%、10.0%，均高于全国水平（分别为 5.90%、8.98%）。产业结构上，2018 年西三角地区第一、二、三产业比重为 8.93∶41.89∶49.18；与历史状况相比，第一产业比重显著走低，第二、三产业比重稳步上升，西三角经济区产业结构也在明显改善。

表 6-1　西三角两省一市重要经济指标汇总（2018 年）

地区	西三角	陕西省	四川省	重庆市
人口占比（%）	10.97	2.77	5.98	2.22
面积占比（%）	8.04	2.14	5.04	0.86
GDP 占比（%）	9.49	2.71	4.52	2.26
人均 GDP（元）	59 431	63 477	48 883	65 933
固定资产投资完成额占比（%）	12.67	4.23	5.44	3.00
社会消费品零售总额占比（%）	9.23	2.35	4.79	2.09

资料来源：Wind，平安证券研究所.

财政方面，从债务余额占比、一般债务余额占 GDP 比重与财政债务率这三个指标进行衡量，西三角经济区的债务状况整体可控。四川省负债规模较大，债务余额占比为 4.8%，位居全国第八，而在一般债务余额占 GDP 比重与财政债务率这两个指标上，均位于全国中等水平，分列全国第十五和第十六；陕西省在这三个指标上均位于全国中等水平；重庆市则均位于全国靠后位置。

◎ 核心优势之一：教育、科研资源集中

西三角教育与科技资源集中。根据教育部 2016 年的数据，四川省、陕西省和重庆市三地的普通高等学校数量占全国的 10.29%，教育经费规模占全国的 9.39%。四川省在普通高校数量上多于北京。而陕西省的教育资源则更为优质：全国 39 所“985 工程”大学，陕西省 3 所，仅排在北京、上海之后，与湖南并列第四。此外，西三角教学与科研人员占全国的 11.29%，研发成果应用及科技服务人员占比达到 12.45%。西三角区域教育与科研资源较为集中，为区域内的发展奠定了基础。

西三角经济区集中的教育和科研资源，有利于推进区域内产学研合作发展。陕西省在推进产学研合作方面已取得了显著成果：2016 年，陕西省 32 个项目获得国家科技奖，其中高校主持和参与完成的有 19 项。陕西省出台《关于落实以增加知识价值为导向分配政策促进省属高校科技成果转移转化的实施意见》，并按照“突出一个主体、推进两个结合、完善三个机制、构建四大平台”的方式，加快推进成果转移转化。

◎ 核心优势之二：交通基础设施较完善

西三角经济区地处我国中西部交界地带，具有纵跨南北、连接东西的区位优势。在西部大开发战略和中央政府的政策支

持下，西三角经济区在水运、航空和铁路运输方面的基础实施都较为完善。

第一，水运基础设施方面，长江支流贯穿区域内的成都、重庆。其中，重庆坐拥长江黄金水道优势，已成为西三角经济区内最大的综合性港口。重庆致力于加快长江上游航运中心建设，在沿线布局主城果园港、江津珞璜港、涪陵龙头港、万州新田港“1+3”铁公水联运的枢纽型港口体系，打造长江上游最大的集装箱集并港和大宗散货中转港。尤其是重庆果园港全面建成后吞吐量将达 200 万标准箱，成为中国内河最大的联运枢纽港。2017 年，重庆港口货物年吞吐量 1.97 亿吨，其中港口外贸货物吞吐量 670.4 万吨，同比增长 21.5%；集装箱吞吐量 128.9 万标准箱，外贸集装箱 61.3 万箱，同比增长 14.2%。此外，区域内还有乐山港、宜宾港和泸州港与重庆港优势互补，共同服务于西三角经济区。

第二，航空基础设施方面，西三角地区的发展十分迅猛。根据《全国民用运输机场布局规划》，截至 2015 年，四川省、陕西省和重庆市共有 23 个民用运输机场，其中 3 个国际机场，即成都双流国际机场、重庆江北国际机场和西安咸阳国际机场。根据中国民航局于 2018 年 3 月发布的《2017 年民航机场生产统计公报》，在旅客吞吐量方面，这三大国际机场都排在全国前十；其中成都双流国际机场旅客吞吐量达到 4 980 万人次，排名第4位，仅次于北京首都国际机场、上海浦东国际机场和广州白云国际机场，西安咸阳国际机场和重庆江北国际机场分别排在第8、9位。长三角、珠三角和京津冀地区分别有3个、2个、1个机场进入前十，可见在航空旅客运输方面，西三角经济区与其他经济区不相上下。这三个机场在货邮吞吐量方面也位居全国前列，分别位于第5、11、14位，其中西安咸阳国际机场同比增速达到11.2%，高于7.1%的全国平均水平。除此之外，加上众多的支线机场，西三角经济区航空运输能力较强、机场较为密集，能够有力支持与国内其他地区和国外的贸易活动。

第三，铁路基础设施方面，西成高铁建成通车具有划时代的意义。2017年12月，西成高铁正式开通，使得成都到西安由原先的16小时大大缩减至3小时，构筑“川陕3小时经济圈”。在此之前，西三角经济区已有成渝线、宝成线、成昆线、陇海线、襄渝线、渝怀线、西康线等多条贯穿区域内、沟通区域外甚至全国大动脉的铁路线；但由于长期以来成都、重庆与西安之间相隔着基础设施较差、经济社会较落后的秦岭区域，西三角经济区三个核心城市间联系不够紧密，无法合力带动西部地区的发展。而西成高铁建成之后，一方面在区域内，通过贯通秦岭、汉中等地，拉近了西安与成渝两地的距离，加速了西三角内部，尤其是以秦岭分界的西南和西北地区在文化、产业、资本和科技方面的深度融合；另一方面在区域外，与宝兰高铁、兰新高铁接轨，促进了西南地区乃至整个西三角经济区与华北、华中等地的交流与合作，全方位为西三角经济区的迅速崛起奠定基础。

第四，"一带一路"进一步推动西三角地区的基建发展。2013 年 9 月和 10 月，中国国家主席习近平分别提出建设"新丝绸之路经济带"和"21 世纪海上丝绸之路"（"一带一路"）的合作倡议。四川省、重庆市和陕西省均位于丝绸之路经济带，其中陕西省着力将西安打造为"一高地"和"六中心"。重庆市正式出台了《贯彻落实国家"一带一路"战略和建设长江经济带的实施意见》，依托丝绸之路经济带的重要战略支点，谋求成为长江经济带的西部中心枢纽以及海上丝绸之路的产业腹地。同时，重庆市是"渝新欧"国际铁路联运大通道的起点，已于 2011 年开通前往德国杜伊斯堡的国际专列。2011 年 3 月 19 日，渝新欧班列首次进行全程运行，开启中国内陆地区以铁路连通欧洲的序幕；2017 年 2 月，渝新欧班列累计突破 1 000 班，在国内众多中欧班列中位居首位。

◎ 核心优势之三：人文旅游资源丰富

西三角经济区拥有悠久的历史文化，人文景观、生态环境、红色文化等人文旅游资源得天独厚。

陕西省是中华文明最重要的发祥地之一，其省会西安更是我国十三朝古都和古代丝绸之路的起点，拥有秦始皇帝陵兵马俑、华清池、黄帝陵、大雁塔、大唐芙蓉园、法门寺等历史文化景区；秦巴山地拥有良好的自然生态环境和温泉资源，在秦岭和黄河沿线分布华山、金丝峡、太白山、壶口瀑布等优势景区；此外，以革命圣地延安为依托，串联榆林、延安、铜川、西安、咸阳、渭南、汉中等地，形成了独具特色的红色旅游景区。

四川省境内除了拥有卧龙、乐山大佛、峨眉山、九寨沟等多处世界自然文化遗产和风景名胜外，自然地理景观资源也十分丰富，逐渐形成了以成都为核心的平原旅游区，阿坝州境内若尔盖县、红原县、阿坝县、壤塘县等大草原生态旅游区，大香格里拉—环贡嘎世界高山生态旅游区，大香格里拉—环亚丁世界山地旅游区等。此外，四川省还拥有珍贵的世界濒危保护动物——大熊猫，境内已建成的卧龙自然保护区是中国三大自然保护区之一。

重庆市依托长江黄金水道，已形成江、河、山等自然文化廊道，包括武陵山生态文化旅游区、长江三峡山水人文旅游区，以及大巴山风景道、乌江风景道等众多跨区特色旅游功能区。

国际经验：产学研结合，错位发展

本节主要讨论美国东北部城市群的发展对我国西三角地区发展的启示。美国东北部城市群形成包含5个核心城市并逐步向外辐射和扩展的城市网络特征，以及教育资源丰富、产学研密切结合的体系，都与西三角地区有一定的相似之处。

◎ 美国东北部城市群：核心城市分工明确，错位发展

美国东北部城市群是世界六大城市群之一，其纽约、波士顿、费城、巴尔的摩、华盛顿5个中心城市逐步向外辐射和扩展，出现了纽瓦克、卡姆登、安纳波利斯等次级中心城市，各等级城市相互交织构成该城市群的城市网络。该城市群土地面积约为13.8万平方公里，占美国国土面积的1.5%；2015年人口约4 500万，占美国总人口的20%；城市群制造业产值占全美的30%以上。

美国东北部城市群5个核心城市无论在城市定位、产业结构以及港口发展上都分工明确，错位发展。纽约作为美国第一大城市，是美国乃至全球的金融中心，国际性大公司总部、专业管理机构和服务部门大都聚集在此，产业方面以金融业、租赁和商业服务业、批发零售业以及公共服务业为主。纽约港大

力发展国际航运，以集装箱运输为主，是美国东部最大的商港。波士顿是美国东北部高等教育的中心，是全美人口受教育程度最高的城市，大力发展金融、教育、医疗服务、建筑和运输服务业等。波士顿港是以转运地方产品为主的商港。费城是美国东部仅次于纽约和华盛顿的第三经济城市，产业发展多元化，包括金融服务业、医疗健康产业、生物科技产业、信息技术产业和旅游业等，同时还是美国东海岸重要的钢铁基地、造船基地以及炼油中心。费城港是世界最大的河口港之一，主要从事近海货运。巴尔的摩拥有优良的运输条件，机场、铁路、公路、航运网络都十分发达，是区域内的交通枢纽，其钢铁、造船和有色冶金产业十分发达。巴尔的摩是中大西洋地区的第二大港口，以转运矿石、煤和谷物等为主。华盛顿是美国的首都、政治中心，聚集了众多的美国联邦政府机构及国际组织，其教育、文化、信息、旅游产业较发达。

这五大核心城市在功能定位上各不相同，产业方面优势互补、错位发展，港口发展彼此分工协作，已形成规模较大的港口群。核心城市间功能互补、合理分工，产业链衔接紧密，在这一合作互补的发展模式下，美国东北部城市群最终形成了世界级城市群。

◎ 国际经验启示：产学研合作成熟、体系完善

美国东北部城市群教育资源十分丰富。其中，波士顿被誉

为“美国雅典”，其大都会区拥有超过100所大学，超过25万名大学生在此接受教育。哈佛大学、麻省理工大学、塔夫茨大学、波士顿学院、布兰迪斯大学等众多顶级名校云集于此。美国联邦政府和各州政府及相关部门制定了一系列法规，设立各类基金，推动美国东北部城市群的产学研合作，目前已建立起完善的产学研合作体系。

美国东北部城市群产学研合作领域宽、范围广，主要有以下三种模式：

（1）政府主导型，其研究重点在于应用研究，基础研究费用仅占32%。二战后，美国建立了不少政府科研中心，接受政府资助，并对政府负责，有的中心直接建在校内，如麻省理工大学的林肯实验室，为美国的核武器、导弹与航天技术的发展做出了重大贡献。

（2）高校主导型，重点是基础研究，约占联邦基础研究的60%。大学科技园区则是以高校为主体，与公司联合的研究开发区域，实质是一个项目群，如波士顿128号公路高新技术开发区。

（3）校企联合型，主要是指工业科研机构和拥有高精技术的工业公司，建在科研力量雄厚的大学周围，形成区域性的科学工业联合体。如波士顿—剑桥科学工业综合体，华盛顿—巴尔的摩科学工业综合体等，研究领域为基础研究和应用研究并重。

延伸阅读

产学研联合的经验——为何旧金山湾区的发展好于洛杉矶地区?

旧金山和洛杉矶是加利福尼亚州最为耀眼的两座城市，分别位于北加州的湾区和南加州。在整个20世纪的大部分时间里，洛杉矶都是美国经济发展最成功的城市之一：从1910年到1970年，洛杉矶地区人口增长了21倍，洛杉矶的经济实现了高质量的飞速增长，居民人均收入排名上升，成为美国的第四大都市区，也是这一时期电影业和航空业的核心城市。与此同时，旧金山凭借着交通、通信设备以及银行业的发展也展现出了不俗的实力。1970年，两座城市的发展处于并驾齐驱的状态，洛杉矶和旧金山的居民收入、工资水平、生产率以及生活水平都相差无几。但是现如今，两者的平均工资水平已相差20%以上。根据Versus网站的数据，当前洛杉矶的平均月工资为3 934.84美元，旧金山则为4 817.46美元，后者的失业率也低于前者约1个百分点。那么，是何种原因使得地理位置相近、初始禀赋相似的两座城市自1970年以来产生了巨大的差距呢?

第一，最重要的原因在于旧金山湾区新经济的发展更为迅速。旧金山湾区高收益的新经济产业规模扩大，对于地区整体收入以及经济质量的提高都具有重要意义。

以IT（信息技术）产业为例，旧金山的IT公司由于把握住对私市场的机会而后来居上。早在20世纪60年代和70年代初，洛杉矶的IT业曾经遥遥领先，这表现在以下几点：其一，洛杉矶高科技公司制造的半导体比旧金山湾区的公司更加先进。当时，洛杉矶的计算机科学公司是纽约证券交易所最大的软件公司，也是第一家上市公司。其二，洛杉矶也拥有许多计算机人才。1969年，第一条互联网消息是由伦纳德·克莱因洛克的计算机在加州大学洛杉矶分校发送的。其三，洛杉矶拥有比湾区更强大的新经济技能，拥有美国最大的博士学位工程师队伍，包括电气工程、计算和通信，并且其STEM（科学、技术、工程和数学）工作者的比例高于湾区。但是，洛杉矶的信息技术公司满足于利润丰厚，但最终前景有限的政府合同。旧金山湾区的IT公司则积极谋求改变：曾为政府承包商的仙童半导体、施乐、惠普和肖克利半导体看到了未来，并涉足对私市场。这造成了两地IT产业实力的变化：1970年，尽管IT产业在大洛杉矶地区和旧金山湾区经济中所占的份额几乎相同，但如果按绝对值计算，洛杉矶的IT产业规模要大得多；而现如今，旧金山湾区的IT产业规模已经增长到了洛杉矶的四倍以上。

除了IT产业以外，旧金山生物技术的发展也存在后来居上的情况。在洛杉矶，第一家大型生物技术公司安进（Amgen）是硅谷风险投资家比尔·鲍斯（Bill Bowes）和加州大学洛杉矶分校的科学家温斯顿·萨尔瑟（Winston Salser）共同创办的。大约同一时间在旧金山湾区成立的基因泰克公司（Genentech）是由另一位风险投资家兼生物化学家罗伯特·A. 斯旺森（Robert A. Swanson）创立的。但是，安进与千橡市的主要大学相距甚远，而紧靠加州大学旧金山分校的基因泰克则与前沿学术研究保持着密切的联系。安进公司于 1983 年进行首次公开募股，遵循制药公司的模式，它使科学家脱离管理，被禁锢在研发中；相比之下，基因泰克将其科学家任命为董事会成员。随着时间的流逝，这些科学家高管将一个又一个的想法变成新创公司。到 2010 年，湾区有 214 家生物技术初创企业，而洛杉矶地区仅有 55 家；湾区有 64 家生物技术公司进行首次公开募股，而洛杉矶地区只有 3 家；湾区获得了 80 亿美元的生物技术风险资本融资，而洛杉矶地区为 5.51 亿美元；与湾区相比，南加州的大学与区域生物技术公司的联系仅产生了专利率的 1/6。

第二，旧金山湾区新经济的迅速发展主要得益于该领域联系紧密的社会网络以及地区领导机构的战略前瞻性。在湾区，不同的技术社区聚集在一起，将原有的面向政府部门的通信行业转变为归属于未来的面向用户的 IT 行业。此外，科学家和大学研究人员在加州北部的联系也更为紧密。在湾区，大学研究人员创办公司或申请商业化专利的可能性是普通人的 7 倍。正式和非正式网络的建立，使得湾区的技术人员、创业者以及地方政府有更为良性的互动和反馈。换句话说，湾区有更为完备的“产、学、研”一体化生态，这帮助新技术和新想法顺利转化为新经济产业，为高技术公司的聚集创造了非常有利的条件。

第三，湾区的迅速发展还跟领导结构有关，该领导结构是通过该地区具有支配地位的组织——湾区委员会建立起来的，它增强了湾区成为以科学和技术为经济基础地区的可能性。湾区委员会和北加州主要公司之间的长期联系（包括共享董事会成员）远超南加州任何领导组织和公司之间的联系。而与此同时，在洛杉矶，主要的地区领导组织支离破碎且沉湎于过去，它们一直认为自己可以降低土地和劳动力成本，回到低收益、低成本的旧经济结构的美好时代。与湾区相比，洛杉矶的区域战略也缺乏足够的前瞻性。在南加州政府协会发布的 30 年经济报告中，几乎没有提及新经济产业和技术。然而，在北加州的类似报告中，从 1980 年开始，这些业务便成为重点。就客观因素而言，加州的大部分政治权力机构都设在北加州，这也使得湾区的基础设施建设获得了较多的支持。

尽管旧金山湾区在过去的一段时期内在新经济的发展方面优于洛杉矶，但两个地区未来的发展都将面临相同的制约因素——飙升的地价、租金以及越发悬殊的贫富差距。根据 Versus 网站的数据，洛杉矶市中心一居室的居住成本为每月 1 940.70 美元，旧金山则为 3 292.42 美元。不断升高的地价和租金，使得两地在吸引人才和投资方面都面临越来越大的挑战。此外，布鲁金斯学会（Brookings Institution）发现，旧金山富人和穷人之间的收入差距增长速度快于美国任何其他城市，尽管共享经济在这一区域蓬勃兴起，但利益的共享却没能在这一区域得到较好的体现，而洛杉矶的贫富差距状况也并没有比旧金山好太多。目前看来，这两大问题的缓解将是未来旧金山和洛杉矶获得进一步发展的关键任务。

资料来源：STORPER M. The Rise and Fall of Urban Economies: Lessons from San Francisco and Los Angeles［M］. Stanford Business Books，2015；斯坦福大学官网；Versus 官网 .

投资机会：新兴产业与重庆、成都、西安楼市颇具看点

我们结合国际经验与国内已经颁布的《成渝城市群发展规划》和《关中平原城市群发展规划》，对西三角地区产业投资机会进行梳理。综合来看，先进制造业、现代服务业、战略性新兴产业等将会从西三角经济区发展中受益。而房地产投资方面，从房地产价格、城市定位、土地供给、人口流动方面看，成都、西安和重庆定位均较高，未来有较大发展潜力，三地土地供给近年均偏紧，人口流入优势明显，这三地未来的房价依然有上涨空间；但考虑到当前房企资金面紧张，拿地相应更加谨慎，

因而房企拿地的城市布局对判断区域房地产市场前景有较强的参考意义。综合判断，我们相对看好重庆、成都、西安的房地产投资机会。

◎ 西三角城市群发展方向展望：产业错位＋产学研融合

西三角经济区核心城市间存在一定程度的产业同构现象：成都、重庆和西安在电子信息、汽车、航空航天方面均有不同程度的竞争；同时也存在较强的产业间互补：西安在传统军工制造业上优势明显，目前在大力发展航空航天、轨道交通、节能环保、信息安全、新能源汽车等战略性新兴产业。成都在原先电子信息、汽车、机械等支柱产业的基础上，第三产业发展迅速，以动漫、游戏、软件开发等为代表的信息技术产业发展已位居全国前列。重庆在传统机械制造、化工等产业的基础之上，发挥其经济实力和地理优势，着力打造西部地区的金融中心。因此，西三角应汲取美国东北部城市群的发展经验，重视产业分工和错位发展，以加强合作、优势互补、协同发展，在整个西三角经济区中形成功能互补、产业链衔接的格局。

此外，西三角核心城市拥有雄厚的科研实力，虽然三地已大力推进产学研合作进程，但整体上仍处于起步阶段。西三角可借鉴波士顿 128 号公路高新技术开发区的产学研合作模式，完善相应法律法规，加大资金投入力度，深化产学研合作，促进高校科技成果转移转化。三地还可以在政府层面加强产学研合作，在整个区域内推动产学研深度融合，为区域经济发展提供源源不断的动力。

◎ 西三角城市群受益行业及产业

党的十九大报告中明确提出，实施区域协调发展战略，以城市群为主体构建大中小城市和小城镇协调发展的城镇格局。西三角地区覆盖成渝城市群和关中平原城市群的大部分区域。国家发改委、住建部分别于 2016 年和 2018 年联合印发《成渝城市群发展规划》和《关中平原城市群发展规划》。结合西部大开发“十三五”规划中涉及西三角经济区两省一市部分内容，国家鼓励西三角经济区发展的行业及未来有发展潜力的行业有：能源、数控机床和机器人、生物医药、轨道交通、电子信息、装备制造、航空航天、科技服务、商贸物流等。我们综合判断，先进制造业、现代服务业、战略性新兴产业等将会从西三角经济区发展中受益。

◎ 西三角城市群房地产市场投资前景

最后，我们讨论西三角地区的房地产市场。首先从核心城市的房地产价格、城市定位、土地供给、人口流动方面分析其房价变动的原因，在此基础上进一步展望各城市未来房价的走势情况。

从房地产价格上看，成都、重庆、西安住宅平均价格均低于二线城市住宅平均价格，未来具有一定的上涨空间。截至2019年12月，成都、重庆、西安三地的样本住宅平均价格都略高于1万元/平方米，但全国二线城市住宅均价已升至1.4万元/平方米。

从城市定位上看，成都、重庆和西安都有较高定位，三地房地产市场未来均具有较大发展潜力。三地均为国家中心城市。其中，重庆的定位是西部开发开放战略支撑和长江经济带西部中心枢纽载体，长江上游地区经济中心、金融中心、商贸物流中心、科技创新中心和航运中心；成都为西部地区重要的经济中心、科技中心、文创中心、对外交往中心和综合交通枢纽；西安则是西部地区重要的经济中心、对外交往中心、丝路科创中心、丝路文化高地、内陆开放高地和国家综合交通枢纽。

从土地供给的角度看，观察三个城市的纯住宅用地供应面积与常住人口之比，成都大大低于重庆和西安，这意味着成都整体住宅用地供应偏紧，重庆与西安则相对稳定偏松。而2016年之后，三地住宅土地供应均有显著增加的迹象，尤其成都的纯住宅类用地供应有大幅提高，这与本轮房地产调控趋严的时间背景相一致。

从人口流动上看，北京和上海严格控制人口的政策要求，使得成都、重庆和西安具备较大吸引力。根据《北京城市总体规划（2016 年—2035 年）》和《上海市城市总体规划（2017—2035 年）》，北京市常住人口将在未来 20 年控制在 2 300 万人以内，上海市常住人口将在未来 20 年均控制在 2 500 万人以内。在一线城市严控人口的政策导向下，人口向二线城市及以二线城市为核心的城市群流动将是未来的发展趋势。2018 年年初，西安推行人才引进政策，吸引大量人才落户，导致西安房价出现较为明显的上涨。

总体上，成都、西安和重庆定位均较高，城市未来有较大发展潜力；三地楼市均价低于二线城市平均水平，且人口流入优势明显，未来房价依然有一定的上涨空间。

第七章

五个城市三角：新时代中国经济增长的主引擎

中国改革开放的历史，其实也是特定区域率先发展与崛起，再带动其他区域实现协同发展的历史。“80 年代看广州，90 年代看浦东”，这句流传甚广的话就清晰地刻画了有关历史进程。然而，在珠三角、长三角陆续崛起之后，尽管中国政府也陆续提出京津冀一体化、重振东北、中部崛起、西部大开发这些区域发展战略，但这些区域的发展轨迹与珠三角、长三角依然有不小的差距。在宏观经济增速趋势性下降、增长率持续低迷、国际贸易摩擦与地缘政治冲突持续上升的大背景下，重新激活中国新一轮的区域一体化进程，促进中西部地区经济与东部地区经济进一步融合，消除区域之间各种有形与无形的壁垒，锻造交易成本更低的全国大市场，既是中国经济持续增长、摆脱中等收入陷阱的重要保障，也是进一步焕发消费引擎活力、推动消费持续升级的重要举措。

本书第二到六章分别研究了当前中国最有代表性和发展前景的五大重点区域——粤港澳大湾区、长三角、京津冀、中部六省和西三角地区，本章的内容则是将上述五章的精华部分糅为一体，形成一篇浓缩摘要。上述五个重点区域，每个地区都由三个重点城市组成核心城市群：大湾区的广州、深圳、佛山，长三角的上海、杭州、南京，京津冀的北京、天津、雄安，中部的合肥、郑州、武汉，西三角的成都、重庆、西安。为方便描述，我们分别称其为珠三角、长三角、京三角、中三角和西三角。每个城市三角中，都有一个制造中心、一个金融中心、一个研发中心，三者有机互补，并带动整个区域经济的协同发展。有趣的是，京三角、长三角、珠三角由北向南一路排开，类似于一张弓的弓背，西三角、中三角与长三角沿长江由西向东一路延伸，类似于一只在弦的箭（见图 7 - 1）。新时代中国区域经济一体化的五大核心区域，正在弯弓搭箭，将会助力中国经济新的腾飞。

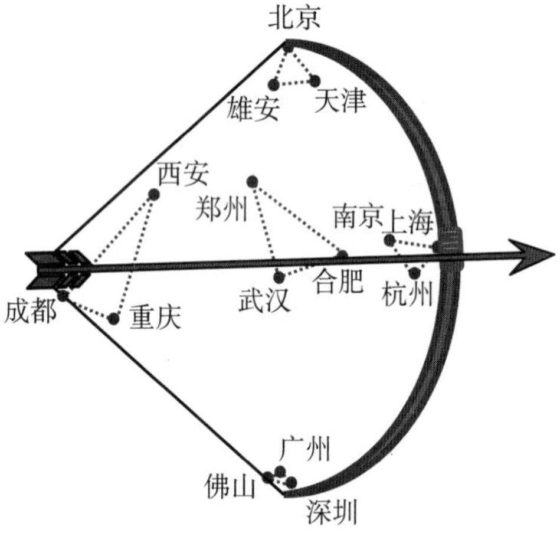

图 7 - 1　中国区域经济弯弓搭箭

我们认为，城市化而非城镇化，才是顺应市场潮流、节约资源型的大方向。在中国政府限制特大城市发展的背景下，城市群似乎就成为唯一可行的选择。这五个城市三角是沿海开发战略与长江经济带战略的有机结合，符合未来通过城市带来进行城市化的战略导向，符合资源集聚的需求。

本章是新时代区域经济一体化系列研究的总结篇，主要总结、对比和分析五个城市三角的经济现状和发展方向，以探寻中国经济未来发展过程中的机遇所在。本章分为以下几方面内容：第一部分通过回顾 1978 年至今五大城市群的政策规划，总结和对比五大城市群的历史发展情况；第二部分主要从人口与经济增长、产业结构、财政实力和地产价格四方面，对比五大城市群的经济概况；第三部分从自然条件、地理位置、潜在实力三方面，对比五大城市群的资源禀赋状况；第四部分主要总结五大城市群的经济与资源优势，参照国际城市群经验分析五大城市群的定位特征，并梳理各城市群的产业和房地产投资机会；第五部分是总结，展望五大城市群作为未来中国经济的五大增长极，其各自的定位与发展方向。

历史背景：重东部轻西部，重沿海轻内陆

中国政府长期以来都有进行区域发展规划的惯例。改革开放以来，政府针对五个区域都曾出台过一系列的区域发展规划，

以划定该区域未来一段时间的发展方向。我们首先总结 1978 年至今五大区域的相关政策规划文件，简单回顾五个城市群自改革开放至今的历史发展情况。

珠三角发展最为领先，政策与地理优势得天独厚。从 1978 年广东省率先放开价格管制到 1979 年深圳、珠海、汕头成为首批经济特区，从 20 世纪 80 年代广东的政治体制和流通体制改革到 90 年代粤港澳“前店后厂”贸易合作模式，珠三角一直是改革开放的先行者，也是市场经济建设的排头兵。毗邻港澳的地理位置优势和改革开放的政策优势，使其获得了近三十年的快速发展；21 世纪以来“腾笼换鸟”“凤凰涅槃”战略又促进了其产业结构转型，传统服务业得以迅速培育；近年来政府推动粤港澳大湾区的建设，则有望助力港澳融入国家发展大局，引领新一轮的改革开放。

长三角紧随其后且发展势头迅猛。80 年代上海经济区的设立是区域经济协作的有益尝试，但其会议协商的性质限制了其跨区配置资源的能力；90 年代初浦东开发开放成为长三角区域经济起飞的突破口，这一时期的证券市场开放、金融体制改革、外商直接投资热均表明上海改革开放步伐的加速，对周边地区的溢出效应也在逐渐凸显；进入 21 世纪，长三角区域经济一体化加快推进，主要领导互访、市长会议等起到了良好的协调作用，区域内基础设施建设表现突出；近年来，覆盖到 2030 年的长三角城市群远期发展规划，更是赋予了长三角建设成为世界级城市群的新使命。

京三角先天不足，后程发力，雄安新区颇具想象空间。京津冀地区在80—90年代期间一直围绕“环渤海经济区”概念有松散的区域协同合作，但成效并不大。直到2000年吴良镛提出“大北京规划”，才为京津冀一体化提供了理论基础。但此后，政策层面的规划又经历了漫长过程：2004年正式启动京津冀都市圈建设规划的编制工作，2012年“十二五”规划首次提及京津冀区域经济一体化和首都经济圈，而直到2015年《京津冀协同发展规划纲要》才宣告出台。总体而言，京津冀地区相较于珠三角和长三角存在明显的先天不足，政策规划滞后、区域环境相对恶劣、首都经济对周边的虹吸效应均对京津冀地区协同发展造成掣肘。不过，2017年中央提出建设雄安新区并定位为“千年大计”，将其与珠三角的深圳特区和长三角的浦东新区并列，意在打造新时代改革开放的试验田，重振北方经济；也为京津冀地区后来居上、实现中国区域经济的南北平衡提供了充足的想象空间。

西三角得益于西部大开发战略，规划按部就班。西三角的发展较上述三个地区更晚，且主要得益于改革开放后中央政府区域政策目标从“以经济效率为中心”转向“效率优先，兼顾公平”，并明确指出要扶持西部发展。2000年国家提出“西部大开发”战略后，每一个五年规划均为西三角提供了循序渐进的发展路线和政策支持，西部地区经济实力整体增强。进入“十三五”规划之后，西三角地区的战略地位得到进一步提升：承担了“建设内陆开放高地”的功能；试点了国家统筹城乡综合配套改革；成为“一带一路”沿线国家交流合作的窗口；还在川渝设立了第三批自贸区。未来西三角经济区有望继续引领西部地区的发展。

中三角起步最晚，政策支持力度相对较弱。中三角地区在新中国成立初期曾因全国均衡布局的发展战略短暂地成为全国重点建设区域；但 1978 年改革开放之后，中部地区成为经济政策的“边缘区”，并无明显政策优势；直到 2006 年“中部崛起”战略正式实施，中三角的经济发展增速才开始显著提高。近年来，《促进中部地区崛起规划（2016 至 2025 年）》进一步提出了中部地区“一中心、四区”的定位，加上其横贯东西、连接南北的地理位置优势，切合了高铁时代及国家“八横八纵”铁路交通规划的需求，中部地区正变得越来越重要。

总体而言，过去 40 多年五大城市群政策支持和经济发展的情况显示，我国的区域经济规划存在重东部轻西部、重沿海轻内陆的特征，这与中国经济长期的外向型特征有关，也与五大经济区域本身的资源禀赋优势有关。区域自身的特征与政策支持的差异，客观上造成了中国区域经济发展的不平衡，NASA 地球夜间灯光示意图清晰地反映了这一特征。

五大城市群的经济概况梳理

本节将主要从人口与经济增长、经济结构、财政实力和地产价格四方面，对比五个城市群的经济概况，刻画城市群发展的现状与优势。

◎ 总体状况：人口与经济增长

土地和人口是影响城市群经济发展的重要物质基础。从区域面积来看，珠三角面积最小，中三角、京三角、长三角大体相当，西三角面积最大，主因是重庆行政区域面积较大。从人口特征看，西三角人口总量最多，中三角最少；城市人口密度排名前三的是京三角、长三角和珠三角，其中珠三角虽然常住人口总量不大，但土地面积较小导致人口也较为稠密。

总体而言，京三角、长三角、珠三角三个“老牌”城市群的人口总量居中，但人口密度都较大；西三角人口总量和面积均居首，人口密度适中；中三角人口总量和密度均最低（见图 7－2）。

我们首先使用 2018 年的 GDP 数据来对比区域经济的总体发展状况。从经济总量看，长三角经济总量最大，超过了 6 万亿元；珠三角次之，也有 5.7 万亿元左右；京三角排名第三，主要是受到雄安新区的拖累，京津两地经济总量即已接近 5 万亿元；西三角 GDP 总量 4.4 万亿元，排名第四；中三角 GDP 总量最小。从人均 GDP 看，珠三角最高（16 万元/人），长三角次之（14 万元/人），京三角排名第三（13 万元/人），西三角和中三角人均 GDP 在 11 万元/人左右。五个城市群的人均

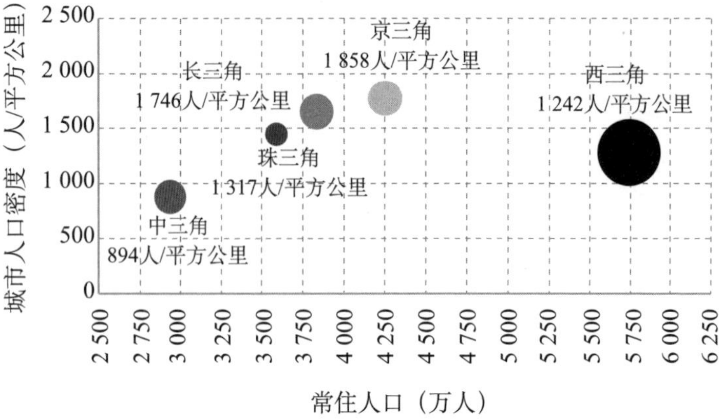

图 7-2　五大城市群人口、面积对比

注：圆圈面积为行政区域面积。

资料来源：Wind，平安证券研究所.

GDP 水平都高于全国水平。

进一步回顾过去近 20 年来五个城市三角的经济发展趋势：GDP 总量排序自 2000 年至今保持不变，长三角>珠三角>京三角>西三角>中三角。值得一提的是，京三角 GDP 总量在 2018 年下降，主要受到天津 GDP“挤水分”的影响。人均 GDP 方面，珠三角一直领先于其他区域，且这种差距在不断扩大；长三角人均 GDP 在大部分时期高于京三角，但 2008 年金融危机爆发后到 2013 年，两者曾有短暂持平；西三角和中三角分列第四和第五位（见图 7-3）。

因此，从五个城市三角的经济整体实力看，珠三角在经济总量和人均 GDP 上均排名靠前，综合实力最强；长三角和京三角次之，而后者受到天津 GDP 挤水分的拖累，GDP 总量曾略有下降；西三角经济体量与人均 GDP 均排名第四，显示西部地区经济实力在全国仍然靠后；中三角经济体量较小，人均 GDP 水平也最低。

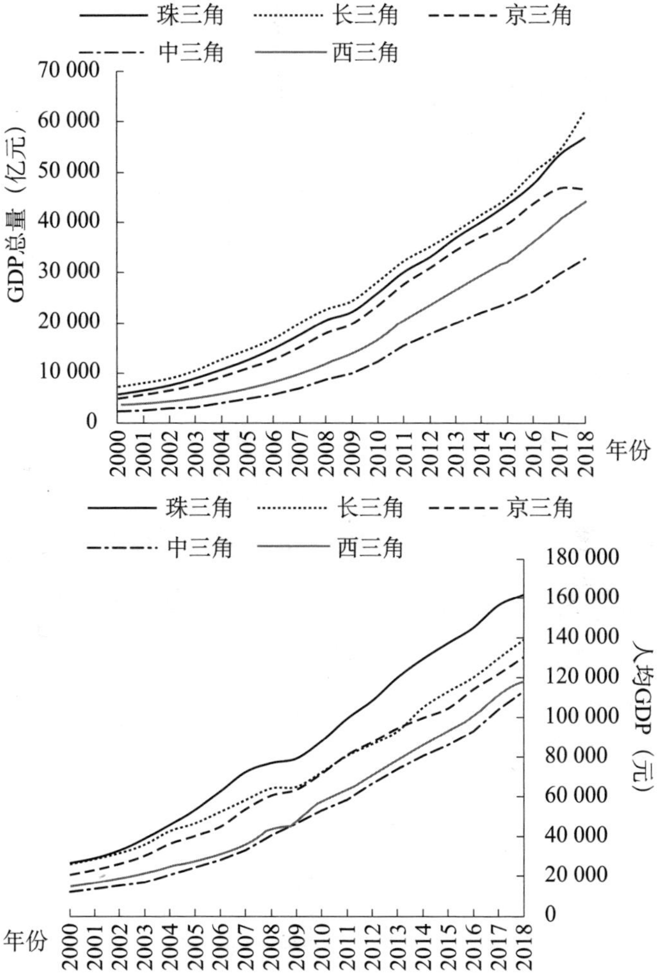

图 7-3　五大城市群经济总量 & 人均 GDP 发展对比

资料来源：Wind，平安证券研究所．

◎ 经济结构：产业结构与需求结构

我们从产业和需求两个方面来分析五个城市三角的经济结构状况。

1. 产业结构

工业发展是体现一个城市实体经济“硬实力”的重要指标。从 GDP 的工业分项看，珠三角工业实力最强，长三角次之，西三角排名第三，中三角和京三角工业总量相对较低（见图 7－4）。2000 年至今，五个城市三角的工业体量排序发生了较大变化。2000 年，长三角＞珠三角＞京三角＞西三角＞中三角；2008 年珠三角工业体量超过长三角居于首位，并在此后保持领先；西三角和中三角工业体量分别在 2015 年和 2017 年超过京三角，分列三、四位。京三角的工业总规模在 2015、2016 年前后基本走平，考虑到京津冀地区钢铁企业的集中分布，这显然是受到供给侧去产能、环保限产等产业政策的影响。

服务业发展则体现了一个城市经济结构转型的进程，以及新兴经济活跃的程度。从 GDP 的第三产业分项看，服务业最为发达的是长三角，京三角次之，珠三角第三，这与北上广深四个一线城市发达的服务业及其外溢效应有关；西三角和中三角两个内陆城市群第三产业发展相对较慢。2000 年至今，五个城市三角第三产业的排序保持不变，且近年来第三产业的体量均

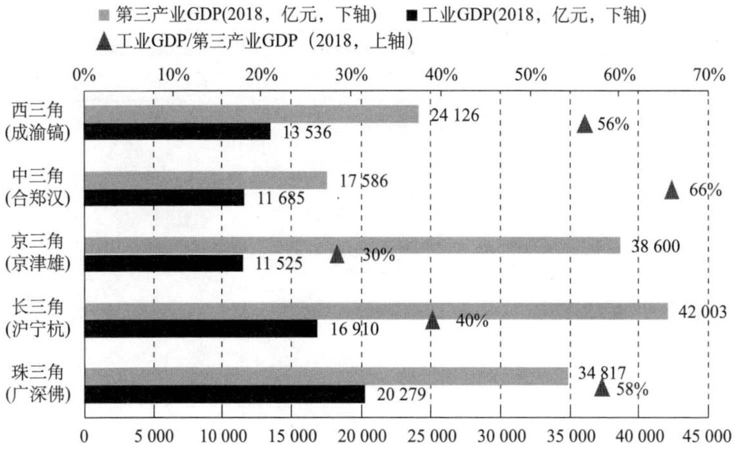

图 7－4　五大城市群工业与第三产业 GDP 对比

资料来源：Wind，平安证券研究所．

呈现快速扩张的格局，这也符合经济结构调整的大方向。

总体而言，珠三角与长三角的工业和服务业实力均较强；京三角两者表现分化，工业近年来受到供给侧去产能和环保限产政策的负面影响，但服务业实力领先；西三角工业发展迅速，服务业发展相对滞后；中三角整体状况最差，工业与服务业实力均较弱。此外，如果用工业 GDP/第三产业 GDP 来衡量该区域的工业依存度，可以发现京三角、长三角工业依存度较低，珠三角、西三角居中，中三角的工业依存度最高。

2. 总需求结构

我们从投资、消费和净出口三个方面来考察五个城市三角的总需求结构（见图 7－5），大致有如下结论：

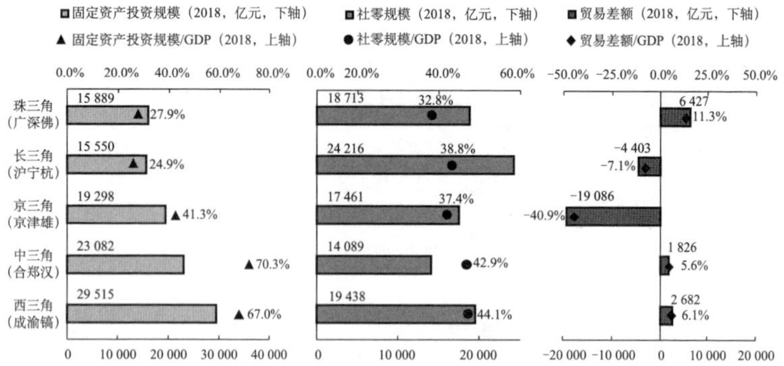

图 7-5　五大城市群总需求对比

资料来源：Wind，平安证券研究所.

注：统计口径的差异导致投资、消费、净出口在 GDP 中占比相加不等于 1，但五个城市群横向对比有一定的参考价值。

第一，经济越发达的地区，增长对投资的依赖程度越低。例如，珠三角、长三角和京三角的固定资产规模偏低，在 GDP 中的占比也仅为 30%左右；而中三角和西三角的投资在 GDP 中占比高达百分之六七十。可见，在区域经济的发展初期，仍然是以投资拉动为主；随着经济发展程度提高及产业结构调整加快，投资在增长中的重要性在逐渐降低。

第二，消费对增长的贡献度各城市群差异不大。五大城市群社会零售规模有所分化，但主要是受到经济体量的影响；社会零售规模在 GDP 中占比均为 30%～50%的水平。消费的地区差异较小，一定程度上说明我国的整体消费层次仍然不高：中低端消费、必需品消费为主，高端消费、非必需品消费不高，因而造成经济发达地区和欠发达地区的消费对 GDP 贡献度未有明显差异。这实际上也是资本市场此前高度关注消费升级概念的重要原因——中国的消费升级仍有很大空间。

第三，沿海城市出口优势明显，内陆城市外贸呈现弱势。对外贸易受到地理位置的影响相当显著，位于沿海的珠三角和长三角出口与进口规模均领先，而位于内陆的中三角和西三角进出口规模均较小。京三角的情况较为特殊，出口较弱但进口规模巨大，这与我国的外贸结构和当地的产业结构匹配程度有关：我国出口以劳动密集型产品和高新技术产品为主，但京三角以大型工业企业为主（例如钢铁）；我国进口以大宗原材料为主，则符合京三角工业企业的生产需求。

◎ 财政实力：收支差额与债务压力

一个城市政府的收支与债务压力状况，能够从侧面反映该城市的经济发展状况（尤其是税收），同时也决定了其地方经济的调控空间及产业政策的支持力度。从财政收支规模看（2018年），五大城市群财政收支规模的状况与经济实力基本一致，长三角、京三角、珠三角排名靠前，西三角、中三角相对较低。除此之外还有几点特征：其一，京三角 GDP 与经济实力弱于珠三角，但财政收支均高于珠三角，这可能与京三角地区的企业总部注册数较多、税收征管水平较高甚至房地产限购政策（五年社保及个税）有关；其二，西三角地区财政收入与中三角大致相当，但财政支出大幅高于中三角，主要是由于西三角城市中重庆的财政支出偏高；其三，除中三角有67亿元左右的收支盈余之外，其余城市群财政收支均有不同程度的缺口（见图7－6）。

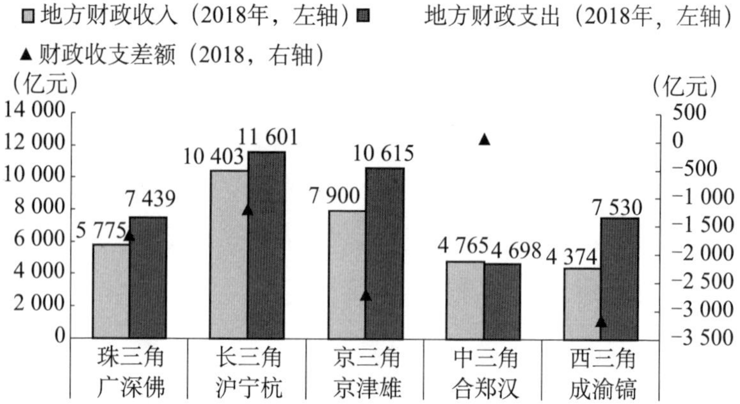

图7－6　五大城市群财政收支情况对比

资料来源：Wind，平安证券研究所.

由于数据限制，我们考察各城市群所在省份的债务率情况：（1）尽管珠三角财政收支负缺口较大，但其所在的广东省政府债务率是五个城市群中最低的，说明广东省整体债务状况良好。（2）长三角和京三角城市群债务率也不高，普遍低于20%。（3）中三角平均债务率与京三角相当，但内部分化显著：安徽省债务率偏高，河南省与湖北省债务率较低。（4）西三角债务率整体较高，三个城市政府债务率均高于20%，其中陕西省以

25%左右居于五个城市群所在省份的首位。

◎ 地产价格：住宅均价与走势特征

房地产价格与一个城市的经济实力、人口流动、公共服务资源、居民收入水平等密切相关，也是衡量区域经济发展实力的重要指标之一。

从城市住宅均价看，五个城市群明显分为两个梯队：长三角、京三角、珠三角是第一梯队，城市群住宅均价在 3 万元/平方米以上，其城市群内部分化也较为显著，北上深三个一线城市独占鳌头，广州、天津、佛山等准一线和二线城市的房价则相对偏低；中三角和西三角是第二梯队，住宅均价在 1.4 万元/平方米左右，中三角各城市的房价最为平均，都在 1.3 万元/平方米左右；西三角则有一定的差异，成都以近 2 万元/平方米的房价相对领先，西安住宅均价则最低（见图 7－7）。

从房价趋势看（2010 年以来），长三角、京三角、珠三角的平均房价在过去近 20 年来持续高于中三角和西三角，并且这个差距在本轮房价上涨周期开启之后（2015 年之后）又进一步拉大。自 2016 年“9·30”房地产调控政策收紧之后，珠三角的房价是第一梯队中控制得最好的，均价基本走平；长三角和京三角房价在震荡中仍有一定程度的攀升；西三角和中三角房价水平本身不高，其房价增速在“9·30”调控后出现了回落，

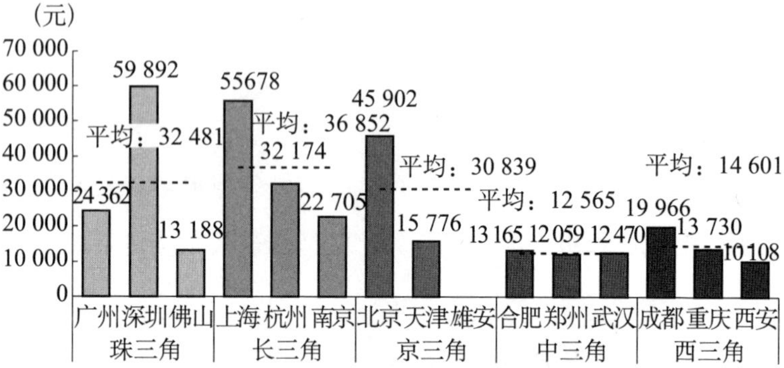

图 7-7　五大城市群平均房价水平对比

注：图柱表示的为 2019 年城市住宅均价，短线处表示的为 2019 年城市群均价。因雄安新区当前房地产市场无交易，未来很可能也无商品房市场，京三角城市群住宅均价并未包括雄安，而仅计算京津两地。

资料来源：Wind，平安证券研究所 .

但始终保持了正增长。

值得一提的是，我国政府长期通过房地产调控政策来干预房价走势，最常用的就是同时收紧需求与供给，并提高交易环节的金融成本，以行政手段压低房价。2018 年下半年以来，我国政府针对一线城市房地产调控形成了“新三位一体”的策略。一是通过加大非商品房供给来分化商品房的潜在购买需求。例如深圳的公租房、人才房，北京各单位的集资建房，都大大减少了商品房的购买人群。二是通过以房产税为代表的政策组合，将闲置二手房逼入市场。房产税及其相关政策增加了家庭持有多套住房的成本，能够倒逼囤积的住房进入市场。三是短期保证核心限购限贷指标不松动。为避免房价在当前供需失衡背景下出现报复性上涨，政府短期不会放松现有限购限贷政策，尤其是两个核心指标：特定城市购房的户口限制，以及购买多套房的首付限制。但是，从中长期来看，仍然应当稳步推进长效机制的建立（如房地产税的立法和实施），扩大土地供给，促进优质公共服务资源的流动和均等化，来打破投资者对房价持续上涨的预期。

延伸阅读

强制性包容性住房计划——如何解决纽约的住房危机？

尽管纽约大都市区取得了令人惊叹的经济增长成就，但纽约的发展受制于地价、租金的高涨以及社区的中产阶级化（主要指较高收入的家庭迁入经济条件较差的社区，使该社区由于住房及其他设施的改善、更新而上升为较高收入和经济条件较好的地段，房屋、土地由此升值，导致部分原有的居民不得不迁出的现象）。当前，纽约正在经历住房危机，并且对低收入家庭的排斥越来越严重，这可能引发一系列导致社会不稳定的潜在风险。

2019 年，纽约大学城市科学与进步中心（CUSP）以及地区倡议支持公司的纽约市办公室（LISC NYC）等联合发布了交互式城市地图，显示低收入社区中有 12%的社区正经历着中产阶级化，9%的社区中的人们正遭受流离失所。住房负担能力的不足正在驱逐整个纽约地区的低收入家庭，且这种模式正在美国其他高住房成本地区复制。研究发现，在纽约都市圈中，有 314 个中产阶级化或专属社区，除了曼哈顿、布鲁克林和皇后区这些本就为高收入家庭所独占的地区，纽约市周围也形成了中产阶级化的远郊社区圈。社区中产阶级化已不再只是纽约市中心的问题，这不可避免地导致纽约越来越不适合低收入人群居住。

此外，无家可归者联盟（Coalition for the Homeless）2020 年 4 月披露了近期纽约市住房危机的一些基本事实，包括：

（1）近年来，纽约市的无家可归现象已达 20 世纪 30 年代大萧条以来的最高水平。

（2）截至 2020 年 3 月，有 60 923 名无家可归的人，其中包括 14 097 个无家可归的家庭和 20 939 名无家可归的孩子，他们每天晚上在纽约市的收容所中过夜，家庭占无家可归者收容所人口的 2/3 以上。

（3）在 2019 财年中，有 132 660 名无家可归的男人、女人和儿童在纽约市的市政庇护系统中过夜，其中包括超过44 300 名纽约流浪儿童。

（4）2015 年，进入避难所的家庭主要来自纽约市最贫困社区中集聚的群体。但是现如今，无家可归的家庭和单身成年人来自纽约市的每一个社区。

（5）现在，每天晚上在市政庇护所中过夜的无家可归的纽约人的数量比十年前增加了 60%；无家可归的单身成年人的数量比十年前增加了 129%。

（6）研究表明，无家可归者（尤其是家庭）流离失所的主要原因是缺乏负担得起的住房。对无家可归家庭的调查发现了以下直接导致无家可归的原因：驱逐、住房严重拥挤、家庭暴力、失业以及危险的住房条件。

（7）研究表明，与无家可归的家庭相比，无家可归的单身成年人患严重精神疾病、成瘾症，以及发生其他严重健康问题的概率要高得多。

（8）每天晚上，成千上万名无家可归者在纽约市的街道、地铁和其他公共场所睡觉。

（9）研究表明，纽约街头无家可归者绝大多数是患有精神病或有其他严重健康问题的人。

（10）黑人和西班牙裔/拉丁裔纽约人在无家可归者中占比最高。收容所中大约有57%的户主是黑人，西班牙裔/拉丁裔占32%，白人是7%，亚裔美国人或美洲原住民不到1%，种族/民族未知的人占3%。

租金飞涨给资源有限的家庭带来了压力，导致纽约大量家庭正在经历生活贫困的问题。60%的纽约人表示，他们没有足够的应急储蓄来支付至少3个月的食品和房租费用。纽约市近20%的居民已经生活在贫困线以下（一个四口之家的收入不到24 300美元）。纽约市的住房问题与贫困问题相互交织，贫困状况严重影响了儿童：生活在贫困线以下的人口中有近1/3是儿童，无家可归者中也有超过1/3的儿童。

来自纽约市审计长斯科特·斯特林格2018年的一份报告表明，造成城市住房成本上涨的因素有几点：首先，纽约市的住房供应未能跟上人口增长的步伐。“2005年至2016年间，纽约市估计增加了576 000名居民，但租住的住房净新增单位仅为76 211套。”这在纽约所有五个行政区的住房成本上涨中起了一定作用。带来租金上涨的另一个因素是“受租金管制的住房库存持续减少”。该报告写道：“纽约市在2005年至2017年期间损失了88 518套受租金管制的房屋”，“从库存中移除的租金管制公寓数量比每年增加的数量要多”。

为了解决纽约低收入人群的住房问题，纽约城市规划部门2016年启动了一项强制性包容性住房计划，该计划是在广泛的政策和财务可行性分析的基础上进行的，它标志着一种新的思路，帮助在规划增长时确保社区多样性。这一措施与纽约市住房补贴和其他激励措施以及城市分区计划一起实施。

纽约包容性住房的要求是强制性的，当开发商在划定为强制性包容性住房的区域中进行建造时，对包容性住房的建造将成为住宅开发的前提。强制性包容性住房建造的可负担性要求没有到期日，这使它们成为长期稳定的可负担住房储备。强制性包容性住房响应可负担性的要求，提供了一组方案，根据该方案，城市规划委员会以及市议会决定强制性包容性住房区域适用以下两项要求中的一项或两项：

- 25%的住宅建筑土地必须用于建造收入低于当地平均收入水平60%居民的包容性住房。

- 30%的住宅建筑土地必须用于建造收入低于当地平均收入水平80%居民的包容性住房。

尽管市长布拉西奥的这一届政府已大大增加了纽约经济适用房投资的规模，纽约的住房危机仍然像以往一样严重。超过29%的房客至少将其收入的一半用于住房，其中包括78%的极低收入房客——这些人的收入不到所谓的“区域平均收入”的30%，还有超过6万人在城市的无家可归者收容所中过夜，每年增长的包容性住房数量依然无法满足需要。而如果要为无法住上包容性住房的低收入人群提供租金补贴，每年可能需要30亿到70亿美元的资金，这在财政上将是一笔沉重的负担。可以预料，在不久的将来，纽约的住房危机和对低收入群体的排斥问题还将是制约纽约湾区可持续发展的重要问题。

资料来源：Public Affairs，UC Berkeley. New York City Gentrification Creating Urban “Islands of Exclusion”, Study Finds [OL]. Berkeley News，2019；New York City Comptroller Scott M. Stringer. The Gap is Still Growing：New York City's Continuing Housing Affordability Challenge [OL]. Office of New York City Comptroller Scott M. Stringer，2018；New York City Department of City Planning；NYC Department of Homeless Services and Human Resources Administration；Coalition for the Homeless.

五大城市群的资源禀赋对比

本节从自然条件、地理位置以及潜在实力三个方面来分析五个城市群的资源禀赋情况。

◎ 自然条件：资源和环境

自然资源种类繁多，五大城市群的气候资源、水资源、土地资源、生物资源、矿产资源等特征也各不相同；但由于无法量化，我们在此不对其做横向比较。

我们可以通过对比五大城市群的空气质量状况来大体比较其环境条件。从空气质量综合指数来看，京三角空气质量最差，中三角、西三角次之。这一方面受到产业结构的影响，例如京三角地区以重工业为主，污染较为严重；另一方面也有气候和地形的原因，例如西安南靠秦岭，阻挡了污染物扩散，川渝盆地地形与少风的气候也影响了空气流动。总体看，五大城市群中，长三角和珠三角的环境条件相对较好。

◎ 地理位置：港口和交通

在交通方面，五个城市群地理位置的差异和优势是非常显著的：京三角、长三角、珠三角位于沿海地区，都有达到国际水平的港口群，成为中国对外开放和国际贸易的窗口。而中三角、西三角地处内陆，但其纵贯南北、连接东西的地理位置使其天然具备成为铁路交通枢纽的优势；尤其是中三角的郑州和武汉，在我国“八纵八横”的铁路规划中占据了重要地位。

◎ 潜在实力：科技和金融

如果说工业增加值是一个城市经济发展“硬实力”的话，科技和金融则是支持实体经济的“软实力”。

从金融业数据来看，京三角、长三角和珠三角的金融业GDP规模显著高于中三角和西三角；但五大城市群在金融业GDP占比上的差异则相对较小，长三角、西三角、京三角金融业占比偏高（超过10%），珠三角和中三角偏低，但也接近9%（见图7-8）。综合考虑金融业规模和占比，长三角、京三角在金融业方面的优势较为突出。

科技实力则可以通过以下三个指标来衡量：从研发经费来看，长三角最高，京三角和珠三角次之，中三角与西三角偏低，但数据受到各省经济体量本身差异的影响；若考察研发经费投入强度（研发经费占主营业务收入比例），则京三角最高，长三角、珠三角次之，仍然是西三角与中三角偏低（见图7-9）。

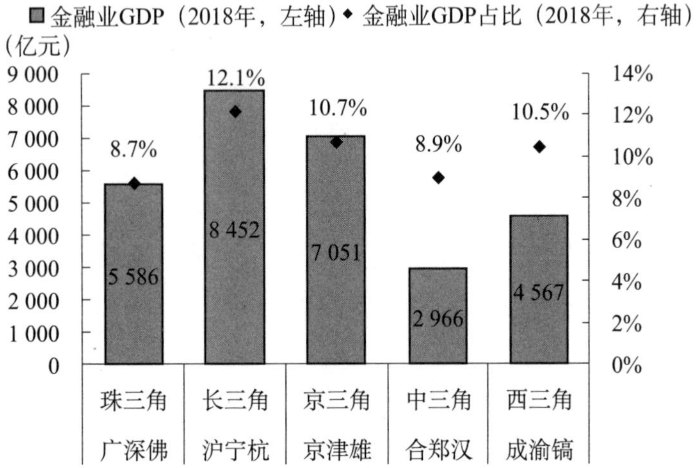

图 7-8　五大城市群金融业 GDP 占比

注：雄安金融业 GDP 规模忽略不计，金融业占 GDP 比重使用河北省数据参与计算平均。

资料来源：Wind，平安证券研究所.

从各城市高新区企业数量看，京三角遥遥领先，这主要得益于北京市的高新技术企业优惠政策及首都政治中心的独特优势，长三角和西三角分列二、三位，中三角最低。从高校数量看，西三角和中三角最高；长三角和京三角次之，但其优质教育和科研资源（“211 工程”高校）优势突出；珠三角高校在数量与质量上都相对落后。

总体而言，京三角和长三角在金融和科技综合“软实力”上表现突出，金融业 GDP 占比、研发经费投入强度、高新区企业数、优质高校数量均排名居前；中三角和西三角所代表的内陆地区后备科研实力亦不容小觑；珠三角则在高校资源上有所欠缺。

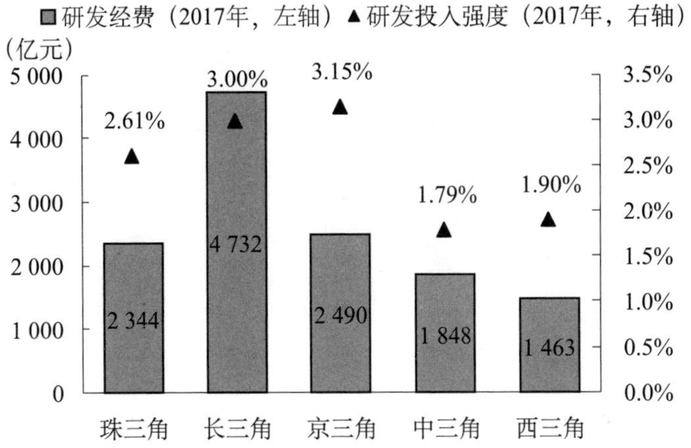

图 7－9　五大城市群所在省份研发经费对比

注：研发经费使用城市所在省份数据；研发投入强度为研发经费与主营业务收入之比。

资料来源：Wind，平安证券研究所.

五大城市群竞争与合作展望

本节参照上文的分析总结了五大城市群的经济与资源优势，参照国际城市群经验分析了五大城市群的定位特征，梳理了各城市群的产业和房地产投资机会。

◎ 五大城市群的经济与资源优势图谱

我们将前述的经济现状和资源禀赋指标进行总结排序，分三个方面总结五大城市群各自的核心优势，并通过雷达图进行对比分析。

在经济总体状况方面，长三角综合经济实力最好，经济总量、财政支出、房价、人口密度均排名第一，人均 GDP 靠前，债务压力适中；珠三角次之，优势主要在于人均 GDP 所代表的经济增长效率和质量较好，另外政府债务压力较小；京三角各方面分化明显，政府支出规模较大，因而政策支持效率较高，但人口密度较大而平均房价较高，人均 GDP 显著偏低；中三角和西三角整体实力较前三个城市群有显著差距，西三角财政支出规模较大，中三角优势在于政府债务压力较小（见图 7－10）。

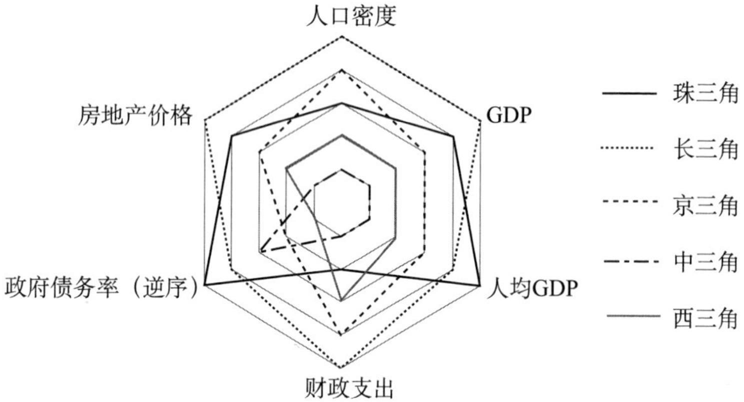

图 7－10　五大城市群总体经济状况汇总

资料来源：Wind，平安证券研究所.

在经济结构方面，我们从生产端和需求端两个角度观察：长三角服务业与消费领先，珠三角工业与出口领先，京三角没有特别突出的优势，服务业相对靠前；西三角投资与农业领先，消费也较为靠前；中三角整体偏弱，经济结构与西三角有相似之处，投资与农业有相对优势（见图 7 - 11）。

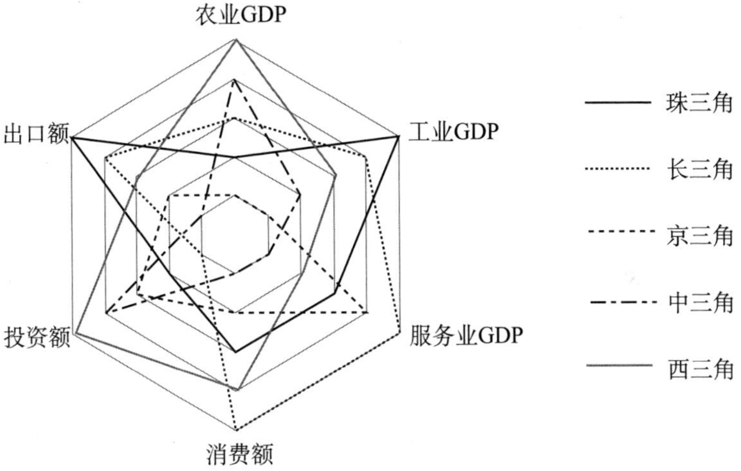

图 7 - 11　五大城市群经济结构汇总

资料来源：Wind，平安证券研究所.

在资源禀赋方面，长三角的金融实力、科研投入与港口运力均领先，也具有一定的后备科研实力；珠三角环境质量最好，港口运力有明显优势，科研投入也较大；京三角铁路运力和科研实力显著领先，金融实力与科研投入也排名靠前，环境质量是最大短板；中三角铁路运力排名靠前，可见地理位置决定了交通是其最大的优势；西三角在后备科研实力、铁路运力方面有一定的优势，金融实力略好于中三角（见图 7 - 12）。与综合经济实力相比，各城市群的资源禀赋优势差异较为明显，这也为推进五大城市群之间的协同合作创造了条件。

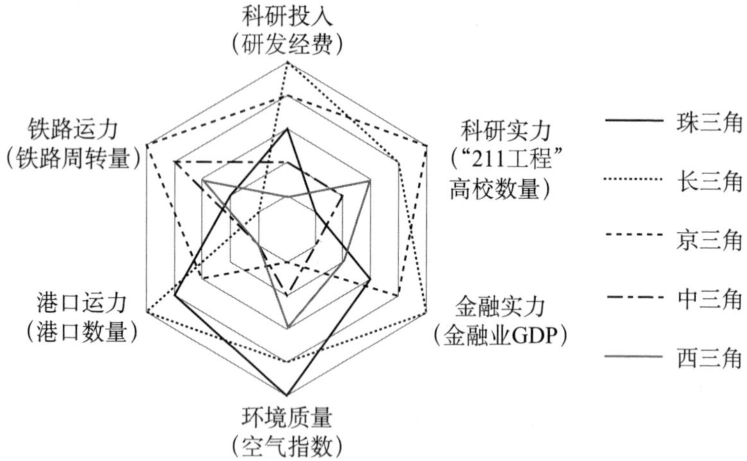

图 7－12　五大城市群资源禀赋汇总

资料来源：Wind，平安证券研究所.

◎ 五大城市群的国际经验对比借鉴

根据前文的分析，综合考虑五大城市群当前的经济发展状况和资源禀赋优势，我们可以参照国际著名城市群的经验对其进行定位。长三角可对标纽约城市群，两者同样综合实力强大，科技、金融、外贸等方面均发展成熟；珠三角可对标旧金山城市群，其以硅谷为代表的高新科技创新及周边地区的产业聚集，为深圳及周边科技产业的发展提供了样板；京三角可对标韩国首尔都市圈，其中世宗市的建设经验可以为雄安新区提供参考；中三角可以对标同样未处于沿海地区的北美五大湖城市群，其交通建设和产业多元化发展方向是中部地区借鉴的对象；西三角与中三角类似，其更加互补的产业和资源结构，可以借鉴美国东北部城市群的产学研结合经验。

1. 长三角 VS 纽约城市群——综合实力强大，引领经济转型

长三角是在中国领先开发且发展较为成熟的沿海城市群，在我国五大城市群中综合实力突出，在国际上与之有可比性的就是美国纽约城市群。对于长三角而言，最值得借鉴的是纽约城市群如何利用全方位的综合优势，站在时代前列，引领全国的技术革新。

纽约城市群在两百年的发展过程中，在美国整体经济发展变迁的关键节点，都发挥了引领经济转型与技术变革的作用。19 世纪中叶，美国开始工业革命之后，纽约制造业顺应时代发展而迅速壮大，成为美国第一制造业中心；20 世纪 70—80 年代，美国在经历滞涨后，依据里根经济学的指导，放松了产业政策管制，鼓励创新与新技术发展，纽约城市群也开始向服务业转型，并成为极具辐射力的服务业输出中心；20 世纪 90 年代以来，随着以信息技术为主要推动力的新经济的发展，波士顿作为纽约城市群的科技中心引领了信息化浪潮，电子通信、计算机制造和生物技术等产业迅速兴起，成为这一地区的支柱产业。

当前，中国经济正处于结构性调整的关键阶段，长三角城市群应当充分利用其强大的综合经济实力，科技、金融与对外贸易的优势，在中国新一轮的经济转型当中发挥领头羊的作用。例如：促进先进服务业的发展，利用金融中心的地位支持实体经济，利用对外开放的优势条件引进外资和技术，促进国内科技进步。

2. 珠三角 VS 旧金山城市群——创新基因，高新科技聚集区

珠三角高科技初创企业的聚集，使其具备典型的优于其他城市群的创新基因，这与美国旧金山城市群以硅谷为代表的高科技企业聚集区发展路径相一致。时至今日，硅谷仍然引领着美国乃至全球的高新技术发展。因此，旧金山城市群及硅谷的经验值得珠三角参考借鉴。

第一，高新技术、风险资金、人力资本的高度融合。创新科技产业的发展离不开三点：人、钱、技术。而硅谷将三者完美结合在了一起：追求创新且具有冒险精神的企业家是硅谷发展的灵魂；风险资金的投入为硅谷发展注入了血液；强大的高校与科研机构资源为硅谷提供了庞大的技术储备；在这个基础上，高新企业的快速成长与技术的快速革新几乎就是顺理成章的。第二，国家政府力量的支持。硅谷的兴起离不开美国政府

力量尤其是军方资金的支持。硅谷的企业和科研机构从 20 世纪初就开始与美国政府合作，军方对先进技术的高要求，以及对成本控制和知识产权的低诉求，使其非常容易地与高科技企业互利共赢，因而成为培育硅谷创新企业的重要支持力量。第三，支持创新的法律、市场和文化环境。相对于美国其他地区而言，硅谷独特的法律体系为创新企业及科技人才提供了最大的便利，包括对公司初创流程的免费服务、免设竞业禁止条款、鼓励风险投资等；而硅谷人普遍重视创造性、尊崇特立独行及个人主义的思维模式，也成为孕育创新创业的绝佳土壤。第四，研究机构与企业的良性互动。硅谷的高校、研究机构与企业之间联系紧密，这大大提高了研究成果向产品转化的效率。

珠三角当前具备良好的创业创新的文化范围，科技研发投入在城市群中也属领先，但优质高校资源的缺乏是短板之一。不过，目前深圳正在通过建立分校和科研院所的方式引进著名高校资源。深圳市科技创新委员会的数据①显示：截至 2018 年初，深圳已引进的著名高校包括 17 所外来“985 工程”学校、1 所“211 工程”学校和 6 所港校，正在逐渐形成一支强有力的科研后备力量。

① 《深圳市科技创新委员会关于 2018 年科技研发资金基础研究、技术攻关、重点实验室、工程中心、公共技术服务平台、股权投资、创业资助和科技应用示范项目的公示》。

3. 京三角 VS 韩国首尔都市圈——世宗市的建设为雄安新区提供借鉴

如前文所述，雄安作为京三角的“一极”，无论是在经济实力还是在资源禀赋方面都与北京、天津不可同日而语。因此，对京三角而言，目前最核心的问题之一就是雄安新区的建设和发展。韩国首尔都市圈与京三角布局类似，都包含一个首都（首尔/北京）、港口城市（仁川/天津）以及一个土地面积较大的行政区（京畿道/河北省），形成“三足鼎立”之势；而其中的世宗市建设起步较晚，定位于首都首尔的部分功能迁移，与雄安新区也有相似之处。世宗市的建设经验对雄安新区具备一定的启发意义。

第一，新城建设需合理定位，明确短、中、长期的建设重点。世宗市的开发建设基于城市成长的三个阶段：一是城市发展初期，着重于行政功能与核心设施的建设，使用政府专项资金进行优惠补贴；二是城市成长阶段，投资于教育、医疗、科技等产业，提高城市的竞争力和吸引力，以扩展自足功能和吸引民间资本；三是城市成熟阶段，进一步完善各项设施，强化城市发展的内生动力。第二，充分发挥政府作用，但要处理好政府与市场的关系。政府和市场在资源配置、生产要素流动的过程中作用各有利弊，全球其他城市在发展的过程中不乏失败案例：纽约新城的建立完全由市场主导，导致新城区郊区化、主城区影响力下降的“逆城市化”现象；巴西迁都巴西利亚则完全由政府主导，城市设计过于理想化（布局成飞机形状），为居民生活带来不便。韩国世宗市的建设则更多体现了政府和市场的融合：在新城建设初期，充分发挥政府的行政和资金优势，对产业和企业进行优惠补贴；待新城具备一定功能后，则重点发挥市场在资源配置中的作用，调动民营资本的积极性。第三，产业疏导有序，避免削弱大城市核心竞争力。新城的建设一方面需要尽快克服大城市的资源吸引力，引导产业有序疏解，另一方面也要避免采取强制的政治手段，过快迁出重点产业，导致原有核心城市的竞争力快速下降。

4. 中三角 VS 北美五大湖城市群——建设交通体系，多元化发展

当前在全球发展领先的城市群大多都处于沿海地区，原因在于它们可以凭借沿海的地理位置优势，从国际贸易和全球化红利中直接受益。中三角作为内陆地区的城市群，可以对标同样未处于沿海地区的北美五大湖城市群，其交通建设和产业多元化发展方向是中部地区可借鉴的经验。

第一，重视核心城市为中心的交通体系建设。北美五大湖城市群最初的经济中心在芝加哥、克利夫兰、底特律等少数几

个港口城市，随后城市规模不断扩大，辐射效应也逐渐增强，并依靠主要交通干线将核心城市经济中心连接起来，最终形成了区域内有密切联系的产业功能网络，实现了区域发展一体化。北美五大湖城市群发展的经验证明交通体系结构对于区域发展有重要影响：便利的交通是五大湖城市群的基础禀赋；完善的交通体系结构对于区域内城市空间扩展具有指向作用；而核心城市依靠交通对周围地区的辐射作用，能够推动卫星城市、新城市的孕育，进而改变原有的城市群结构。因此，高度完善和便捷的交通体系是区域经济发展的纽带。第二，充分结合本区域的资源禀赋、产业基础，重视多元化发展战略。北美五大湖城市群正是通过区域多元化发展战略实现了复兴，许多大都市也成功地由之前的制造业中心转变为管理咨询、商务、法律、贸易、旅游等服务中心。多样化发展一方面是充分结合本区域的资源禀赋、产业基础找到最适合自己的发展之路，另一方面，这种多元化发展也构成了城市群产业错位发展的基础，能够减少区域内竞争，有助于区域长久繁荣。

因此，中三角一方面应当以郑州、武汉、合肥等核心省会城市为中心，加快高铁铁路网的建设，强化省会城市交通枢纽地位；另一方面则应当依据自身的特色，制定区域内多元化发展的战略，以承接沿海领先城市群的产业转移。

5. 西三角 VS 美国东北部城市群——城市错位发展，产学研结合

美国东北部城市群在核心资源方面与西三角地区也有一定的相似之处，其城市群发展对我国西三角地区的启示主要体现在两个方面：

第一，核心城市间应分工明确，错位发展。纽约是金融中心和国际交流中心；华盛顿是政治中心；波士顿是教育中心，人口受教育程度全美最高；费城的金融、医疗、生物、信息等第三产业发展较快；巴尔的摩是区域内的交通枢纽。这五大核心城市在功能定位上各不相同，产业方面优势互补、错位发展。第二，充分发掘本区域的教育资源，推动产学研的深度融合，为区域经济发展提供动力。美国东北部城市群教育资源十分丰富。其中，波士顿被誉为“美国雅典”，其大都会区拥有超过100所大学，超过25万名大学生在此接受教育。哈佛大学、麻省理工大学、塔夫茨大学、波士顿学院、布兰迪斯大学等众多顶级名校云集于此。美国联邦政府和各州政府及相关部门制定了一系列法规，设立各类基金，推动美国东北部城市群的产学研合作，目前已建立起政府主导型、高校主导型、校企联合型三种类型的产学研合作体系。

西三角各城市在经济状况与核心资源禀赋上具有典型的错

位互补特征。例如，经济发展方面，重庆在GDP、人口密度、财政支出方面领先；成都的人均GDP与房价则相对较高；西安在其他方面落后于成渝两地，但陕西省地方政府债务压力较小。在资源禀赋方面，重庆的金融实力领先，成都的科研投入力度较大，西安则在交通运力及科研实力方面具备优势。因此，西三角三大核心城市可以依据不同的优势资源，走错位互补的发展道路。除此之外，西三角地区优质高校数量和高新区企业数量仅次于京三角和长三角，其科研机构在西南部也自成体系；可以说，西三角有望成为内陆地区产学研结合发展的领头羊。

总结：五大城市群的发展定位与投资机会

基于五大城市群的经济概况、资源禀赋、竞争与合作的分析，我们总结五大城市群未来的定位与发展方向，并分析各自的产业和房地产投资机会。

◎ 五大城市群的定位与发展方向

在每个城市群内部，都有一个金融中心、一个制造业中心和一个研发中心，使得城市群本身能够各有侧重，形成区域内协同发展的效应；而在五个城市群之间，由于自身发展程度与优势资源的不同，也形成了各自独特的定位和发展方向：

长三角定位于经济转型。其以上海为金融中心，杭州为制造业中心，南京为研发中心。长三角基于其强大的综合实力，应当致力于成为中国本轮经济转型与结构调整的领头羊。

珠三角定位于引领创新。其以深圳为金融中心，以佛山为制造业中心，以广州为研发中心。珠三角应当利用其良好的科技创新基因和文化氛围，引领高新技术人才和企业的聚集，成为五大城市群中创新发展的一面旗帜。

京三角定位于制度改革。其以北京为金融中心，以雄安为制造业中心，以天津为研发中心。京三角应当以雄安新区的建设为契机，促进目前尚不平衡的京津冀地区的协同发展，并利用其制度优势，探索新一轮制度改革的路径。

中三角定位于交通枢纽。其以武汉为金融中心，以郑州为制造业中心，以合肥为研发中心。中三角一方面应当以核心城市为中心，加快铁路网建设，强化其交通枢纽地位；另一方面可以致力于承接长三角的产业转移，促进区域内的多元化发展。

西三角定位于研发融合。其以成都为金融中心，以重庆为制造业中心，以西安为研发中心。西三角可以利用城市间优势资源互补的特征，推动核心城市的错位发展；并充分发挥本区域的教育资源优势，推动产学研的深度融合。

总体而言，长三角和珠三角在前推动经济转型与技术创新，京三角居中探索制度改革路径，中三角和西三角在后承接产业转移。五大城市群形成阶梯发展的雁阵模式，将成为未来引领中国经济的五大增长极。

◎ 五大城市群的行业与房地产投资机会

1. 成熟产业机会：产业聚集与规模效应

资金流向代表了资本所追逐的未来成长较快的行业，而产业聚集的程度则可以衡量一个城市目前优势行业的布局；除此之外，较高的产业聚集度也有利于相关企业的技术创新。我们统计了五个城市群上市公司的行业聚集情况（见表 7－1），列出了每个城市上市公司数量最多的前 5 个行业。从中可以大致窥见各个城市群不同的产业聚集特征：

长三角和珠三角的科技创新特色明显，计算机、医药、通信、电子元器件等创新行业聚集程度较高；而这两个城市群中，佛山和杭州的制造业特征较为明显。京三角聚集了计算机、医药等创新行业，传媒业的聚集是其亮点之一。中三角与西三角的产业聚集相对而言传统特色更为浓厚，机械、电力及公用事业、基础化工、汽车等行业优势明显。总体而言，五大城市群之间存在比较明显的产业阶梯和分化特征。

表 7-1　　各城市群上市公司行业聚集情况

城市群		1	2	3	4	5
珠三角	广州	医药	计算机	基础化工	交通运输	轻工制造
	深圳	电子元器件	计算机	通信	建筑	房地产
	佛山	家电	机械	基础化工	电力及公用事业	建材
长三角	上海	计算机	房地产	机械	基础化工	交通运输
	杭州	机械	计算机	汽车	传媒	通信
	南京	商贸零售	计算机	基础化工	机械	医药
京三角	北京	计算机	传媒	建筑	房地产	电力及公用事业
	天津	医药	房地产	电力及公用事业	电力设备	汽车
中三角	合肥	机械	电力及公用事业	基础化工	汽车	计算机
	郑州	机械	建材	电力及公用事业	医药	电子元器件
	武汉	医药	通信	电力及公用事业	电子元器件	机械
西三角	成都	机械	计算机	通信	电力及公用事业	国防军工
	重庆	医药	汽车	电力及公用事业	房地产	机械
	西安	机械	国防军工	非银行金融	电力设备	餐饮旅游

资料来源：Wind，平安证券研究所．

2. 创新产业机会：哪些行业正在受风险资本的追捧

高风险、高收益及投资周期较长的创投资金的流向，显示了各城市新经济和新兴产业的发展导向。我们利用清科私募通的数据对近三年来的私募产品资金流向进行了分析，大致可以得出如下结论：

第一，私募基金流向的领域以服务业居多，互联网、IT、金融、房地产、电信增值服务是几个主要的行业，也体现了当前经济结构转型的特征以及科创企业在这些行业的聚集；资金也有部分流向制造业行业，其中既有生物技术/医疗健康、半导体、电子与光电设备等先进制造业，也有汽车、机械制造、建筑工程等传统制造业领域。

第二，每个城市群中都有一个制造业特征相对显著的城市。例如，珠三角的佛山，长三角的南京，京三角的天津，中三角的武汉，西三角的西安。

第三，互联网和IT行业是每个城市群都涉及的重点投资领域；珠三角、长三角、京三角等老牌城市群的金融属性比较明显，各城市群流向金融业的资金都颇具规模；除此之外，各城市也具备一些资金聚集的特色行业：广州的建筑工程业，杭州和南京的物流业，天津的汽车业，成都的教育与培训业，西安的电子及光电设备业（见表7-2）。

表 7-2　　私募资金流向排名前五的行业（2015 年至今）

城市群		1	2	3	4	5
珠三角	广州	房地产	互联网	电信及增值服务	生物技术/医疗健康	建筑工程
	深圳	连锁及零售	金融	IT	互联网	娱乐传媒
	佛山	IT	互联网	生物技术/医疗健康	机械制造	
长三角	上海	金融	生物技术/医疗健康	房地产	互联网	电信及增值服务
	杭州	物流	互联网	金融	IT	生物技术/医疗健康
	南京	物流	汽车	金融	娱乐传媒	生物技术/医疗健康
京三角	北京	金融	IT	互联网	娱乐传媒	半导体
	天津	汽车	连锁及零售	IT	电信及增值服务	娱乐传媒
中三角	合肥	连锁及零售	互联网	生物技术/医疗健康	IT	机械制造
	郑州	娱乐传媒	汽车	电信及增值服务	房地产	生物技术/医疗健康
	武汉	机械制造	互联网	电信及增值服务	IT	金融
西三角	成都	金融	教育与培训	连锁及零售	生物技术/医疗健康	IT
	重庆	IT	连锁及零售	电信及增值服务	生物技术/医疗健康	互联网
	西安	物流	电子及光电设备	互联网	IT	生物技术/医疗健康

资料来源：清科私募通，平安证券研究所．

3. 房地产投资机遇：绩优股与潜力股

我们采用此前的房地产专题研究中评判各城市房价潜力的模型（平安证券宏观组，2017）：

首先构建影响房价的七大指标体系，对五个城市群的房地产基本面情况进行综合打分，可以测算出各城市受到房价驱动因素基本面支撑的强弱程度；然后通过计算2011—2019年各城市房价累计涨幅排名，可筛选出近年来房价表现良好的绩优股；最后通过对比房价累计涨幅与该城市房地产基本面的强弱情况，可以筛选出未来房价仍然有上涨空间的潜力股。

将五个城市群进行上述分析，得出结论如下：

从房价基本面看，珠三角、长三角、京三角三个老牌城市群排名靠前，中三角和西三角的排名都相对靠后；从房价涨幅看，北上深三个位于沿海老牌城市群的一线城市房价涨幅靠前，西三角的成都和中三角的合肥表现突出；从潜力来看，天津、广州、佛山、武汉等城市房价的基本面排名高于涨幅排名。也就是说，在五大城市群中，短期内天津和广州的房价可能存在一定的低估，佛山和武汉也具备一定的房地产投资机会，合肥、重庆和成都的房价则可能已存在高估（见表7-3）。

表 7-3　　各城市房价涨幅与综合评分之差

城市	房价涨幅排名	综合评分排名	房价涨幅排名－综合评分排名
天津	10	4	6
广州	9	5	4
佛山	13	9	4
武汉	11	8	3
北京	5	3	2
西安	14	12	2
深圳	2	1	1
杭州	7	6	1
南京	8	7	1
郑州	12	11	1
上海	1	2	－1
成都	3	10	－7
重庆	6	13	－7
合肥	4	14	－10

资料来源：Wind，平安证券研究所.

参考文献

陈甬军．雄安新区建设：背景、功能与展望［J］．贵州省党校学报，2017（4）：28－33.

程必定．长三角更高质量一体化发展新论［J］．学术界，2019（11）：56－67.

邓永波．京津冀产业集聚与区域经济协调发展研究［D］．中共中央党校，2017.

黄文，张羽瑶．区域一体化战略影响了中国城市经济高质量发展吗？——基于长江经济带城市群的实证考察［J］．产业经济研究，2019（6）：14－26.

季赛卫．区域经济一体化、经济增长与区域差异——基于新经济地理的分析［J］．现代管理科学，2016（6）：73－75.

黎文勇，杨上广．市场一体化、城市功能专业化与经济发展质量——长三角地区的实证研究［J］．软科学，2019，33（9）：7－12.

李兰冰，郭琪，吕程．雄安新区与京津冀世界级城市群建设［J］．南开学报（哲学社会科学版），2017（4）：22－31.

李玲．区域一体化战略下长三角区域经济差异与空间格局分析［J］．商业经济研究，2020（2）：159－162.

李晓欣．京津冀区域产业一体化发展的统计研究［D］．天津财经大学，2015.

李雪松，张雨迪，孙博文．区域一体化促进了经济增长效率吗？——基于长江经济带的实证分析［J］．中国人口·资源与环境，2017，27（1）：10－19.

刘秉镰，朱俊丰，周玉龙．中国区域经济理论演进与未来展望［J］．管理世界，2020，36（2）：182－194.

刘丽萍，刘家树．生产性服务业集聚、区域经济一体化与城市创新经济增长［J］．经济经纬，2019，36（5）：25－32.

陆铭，陈钊．分割市场的经济增长——为什么经济开放可能加剧地方保护？［J］．经济研究，2009，44（3）：42－52.

卜茂亮，高彦彦，张三峰．市场一体化与经济增长：基于长三角的经验研究［J］．浙江社会科学，2010（6）：11－17＋125.

平安证券宏观组，中国房地产深度研究报告之二：中国城市房地产的绩优股和潜力股——城市房价驱动因素剖析，2017－09－12.

孙博文．长江经济带市场一体化的经济增长效应研究［D］．武汉大学，2017.

孙博文，孙久文．长江经济带市场一体化的空间经济增长与非对称溢出效应［J］．改革，2019（3）：72－86.

孙大斌．由产业发展趋势探讨我国区域经济一体化动力机制［J］．国际经贸探索，2003（6）：71－74.

汤放华，古杰，吕贤军，周素红．新区域主义视角下长株潭城市群区域一体化过程与影响因素［J］．人文地理，2018，33（4）：95－101.

汤放华，吴平，周亮．长株潭城市群一体化程度测度与评价［J］．经济地理，2018，38（2）：59－65.

薛绯，朱海雯．长株潭城市群一体化协同发展研究［J］．当代经济，2018（15）：47－50.

杨丹丹，马红梅，杜宇晨．区域市场一体化对经济增长的影响——以长江经济带沿线11省市为例［J］．商业经济研究，2019.

杨丹丹，马红梅，杜宇晨．区域市场一体化对经济增长的影响——以长江经济带沿线11省市为例［J］．商业经济研究，2019（8）：154－157.

杨光宇．区域一体化视角下的京津冀产业协同发展研究［D］．兰州大学，2015.

杨林，陈喜强．协调发展视角下区域市场一体化的经济增长效应——基于珠三角地区的考察［J］．经济问题探索，2017（11）：59－66.

银温泉，才婉茹．我国地方市场分割的成因和治理［J］．经济研究，2001（6）：3－12＋95.

袁嘉琪，卜伟，杨玉霞．如何突破京津冀“双重低端锁定”？——基于区域价值链的产业升级和经济增长效应研究［J］．产业经济研究，2019（5）：13－26.

图书在版编目（CIP）数据

五大增长极：双循环格局下的城市群与一体化/张明，魏伟，陈骁著.--北京：中国人民大学出版社，2021.5

ISBN 978-7-300-29337-0

Ⅰ.①五… Ⅱ.①张… ②魏… ③陈… Ⅲ.①城市群—一体化—研究—中国 Ⅳ.①F299.27

中国版本图书馆 CIP 数据核字（2021）第 079220 号

五大增长极

双循环格局下的城市群与一体化

张 明 魏 伟 陈 骁 著

Wu Da Zengzhangji

出版发行	中国人民大学出版社		
社　　址	北京中关村大街 31 号	**邮政编码**	100080
电　　话	010－62511242（总编室）		010－62511770（质管部）
	010－82501766（邮购部）		010－62514148（门市部）
	010－62515195（发行公司）		010－62515275（盗版举报）
网　　址	http://www.crup.com.cn		
经　　销	新华书店		
印　　刷	天津中印联印务有限公司		
规　　格	148mm×210mm　32 开本	**版　　次**	2021 年 5 月第 1 版
印　　张	8.375	**印　　次**	2022 年 2 月第 2 次印刷
字　　数	145 000	**定　　价**	58.00 元